*Las profecías del libro de
Daniel al descubierto*

*De la Babilonia Imperial a la Nueva Jerusalén*

LUIS BARBOZA

*Luis Alonso Barboza Jiménez*
***Las profecías del libro de Daniel al descubierto***
/ Segunda Edición. Luis A. Barboza Jiménez. San José, Costa Rica. 246p.;
21.5x14 cm.
ISBN 9798354661336
Cristianismo, Teología Cristiana

Impreso en USA por Amazon
© 2021 Luis Barboza. Idioma español.
Primera edición 2022
Originalmente publicado con el título:
Las profecías del libro de Daniel al descubierto
por Luis Alonso Barboza Jiménez.
Para consultas y comentarios: luabaji@gmail.com
Foto de fondo de Rodrigo Souza en Pexels
Todos los derechos de publicación son exclusivos de Luis Barboza.
Costa Rica, Centroamérica

Ninguna parte de esta publicación podrá ser reproducida, procesada en algún sistema que la pueda reproducir, o transmitida en alguna forma o por algún medio electrónico, mecánico, fotocopia, cinta magnetofónica u otro excepto para breves citas en reseñas, sin el permiso previo de los editores y autor.

El texto bíblico ha sido de la versión Reina-Valera 1960 © Sociedades Bíblicas en América Latina, 1960. Renovado © Sociedades Bíblicas Unidas, 1988. Utilizado con permiso.

| | |
|---|---|
| **INTRODUCCIÓN** | **5** |
| **DANIEL 1** | **9** |
| LOS PRIMEROS AÑOS DE DANIEL EN BABILONIA | 11 |
| **DANIEL 2** | **17** |
| EL SUEÑO DE NABUCODONOSOR | 19 |
| **DANIEL 3 Y 4** | **33** |
| LA ESTATUA DE ORO Y EL 666 | 35 |
| LA BABILONIA MODERNA Y EL 666 | 49 |
| **DANIEL 5** | **67** |
| LA CAÍDA DE LA BABILONIA LITERAL | 69 |
| LA CAÍDA DE LA BABILONIA MÍSTICA | 79 |
| **DANIEL 6** | **95** |
| DANIEL EN EL FOSO DE LOS LEONES | 97 |
| **DANIEL 7** | **107** |
| LA VISIÓN DE LAS CUATRO BESTIAS | 109 |
| **DANIEL 8 Y 9** | **123** |
| YOM KIPPUR O DÍA DE EXPIACIÓN | 125 |
| DOS PROFECÍAS EN UNA MISMA LÍNEA DE TIEMPO | 130 |
| **DANIEL 10** | **165** |
| MIGUEL EL ARCÁNGEL | 167 |
| **DANIEL 11** | **181** |
| EL REY DEL NORTE | 183 |
| **DANIEL 12** | **231** |
| EL TIEMPO DEL FIN | 233 |
| **CONCLUSIÓN** | **245** |

# Introducción

Existen básicamente tres métodos de interpretación profética que son el preterismo, en el cual todas o la mayoría de las profecías tuvieron un cumplimiento en el pasado, el futurismo, que dice que todas o la mayoría de las profecías están por cumplirse en un futuro próximo y el historicismo que sigue la secuencia profética desde que al profeta se le da la visión hasta la conclusión de la misma.

El método de interpretación historicista ha sido el método empleado tanto en la época bíblica como por los reformadores protestantes y es un método bastante fiable puesto que la misma historia nos va indicando en qué lugar de las profecías nos encontramos, sin embargo, los métodos de interpretación preterista y futurista son métodos que se crearon para combatir la reforma protestante y confundir, por lo tanto, dicho movimiento que tenía muy claro a que sistema aplicaban los títulos de anticristo, la bestia, cuerno pequeño y otros.

Los creadores de los sistemas de interpretación que actualmente se utilizan en las mayorías de las corrientes cristianas básicamente fueron sacerdotes católicos de la orden jesuita. El padre del preterismo fue Luis de Alcázar y el padre del futurismo es Francisco de Rivera y ambos desarrollaron sus trabajos cuando el luteranismo estaba en su apogeo y esa fue precisamente una de las tantas respuestas del papado en contra de la reforma protestante. Hábilmente habían calculado los jesuitas de que si todas o casi todas las profecías estaban en el pasado lejano o si todas o casi todas las profecías estaban en el futuro, entonces, el sistema papal simplemente no formaba parte del cuerpo de profecías apocalípticas que acusan a un sistema de ir en contra de la voluntad divina y de paso se preparaba el camino hacía el ecumenismo, que es la unión de todas las iglesias bajo un mismo liderazgo sin importar las diferencias doctrinales.

El sistema de interpretación futurista fue luego perfeccionado en el siglo XVIII por el sacerdote jesuita Manuel Lacunza de origen chileno quien escribió un libro titulado "VENIDA DEL MESÍAS EN GLORIA Y MAJESTAD" pero no bajo su nombre sino bajo el nombre judío de Juan Josafat Ben-Ezra. En el año 1827 se realizó una traducción de dicho libro al inglés por Edward Irving quien fuera el precursor de la británica Iglesia Católica Apostólica (CAC) que hizo que el libro fuera convirtiéndose en una de las mayores influencias del milenarismo y la gran paradoja de todo es que la obra de un sacerdote católico terminara por ser un texto clásico del cristianismo protestante.

Es precisamente de la obra de Manuel Lacunza de donde vienen las ideas de la conversión total de los judíos en un momento dado, el rapto secreto, la necesidad de construir un tercer templo en Jerusalén, el dispensacionalismo y otras muchas ideas más que nunca antes habían sido creídas ni defendidas por la cristiandad.

Lo que termina de catapultar todas estas ideas fue la popular Biblia Anotada de Scofield que se publicó por primera vez en 1909 por la Editorial de la Universidad de Oxford. Dicha versión de la Biblia iba acompañada de comentarios y textos explicativos que entre tantas cosas favorecían el método de interpretación futurista de origen jesuita que ya había popularizado Edward Irving.

Las ideas de Manuel Lacunza vertidas en la Biblia Anotada de Scofield fueron muy importantes para que los cristianos fundamentalistas anglosajones se adhirieran al naciente movimiento Sionista con el fin de forzar lo que llegó a ser el Estado de Israel y de ahí que el judaísmo de la época apoyara convenientemente la Biblia Anotada de Scofield, sabiendo de la influencia política de estos grupos religiosos en los poderosos gobiernos de Estados Unidos e Inglaterra.

Con el paso de los siglos los jesuitas cumplieron los objetivos que se habían planteado al cambiar la forma correcta en que las profecías deben interpretarse. El sistema que por cientos de años había matado, perseguido, torturado y despojado a millones, aquel poder que había distorsionado y ocultado las Sagradas Escrituras y que además había cambiado los mandamientos de Dios, ese poder que obstaculizó la intercesión redentora de Cristo por la humanidad, de un pronto a otro ya no era la bestia, ni el anticristo ni el cuerno pequeño sino más bien se había convertido en la batuta, que mediante el ecumenismo, lidera no solo a la casi totalidad del cristianismo sino también el resto de religiones del mundo y, aparte de esto, el verdadero reloj profético, que es el ministerio de Cristo en los cielos, fue sustituido por el Estado de Israel con lo cual se terminó de desorientar, proféticamente hablando, el pueblo de Dios.

Sin embargo, a lo largo de este estudio del libro de Daniel nos apagaremos al método historicista de interpretación y de seguro será algo que impresionará tu vida ya que este método, a diferencia de los actuales, no es especulativo sino serio, ordenado y realmente contundente. Es un método que no solo podemos comprobar con la historia sino también con las noticias en desarrollo y toda esta evidencia profética lo que nos indica es que estamos realmente al final de la historia.

Una de las cosas que diferencia a la Biblia de los demás libros es que la Biblia es un libro que no se acaba en el sentido de que siempre encontramos algo nuevo y, por otro lado, es un libro realmente confiable ya que todo lo que dice se cumple al pie de la letra, tal y como hermosamente lo declara Isaías en los siguientes versículos.

*"Acordaos de las cosas pasadas desde los tiempos antiguos; porque yo soy Dios, y no hay otro Dios, y nada hay semejante a mí,[10] que anuncio lo por venir desde el principio, y desde la antigüedad lo que aún no era hecho; que digo: Mi consejo permanecerá, y haré todo lo que quiero."* Isaías 46:9,10

Si estás aquí es porque eres una persona que está sedienta de la Palabra de Dios y de alguna manera Dios te puso este libro en el camino para abrirte la mente a cosas realmente importantes para tu vida y la vida de las personas que te rodean.

# *Daniel 1*

# Los primeros años de Daniel en Babilonia

El libro de Daniel fue escrito unos 600 años antes de Cristo y como dato interesante este libro, junto con el de Ester, estuvo a punto de no ser incluido en el canon dada su poca usual narrativa. Para el comienzo del relato, Daniel era una persona bastante joven que fue separada de su familia. Se cree que Daniel fue un eunuco (hombre castrado) ya que en todo el libro no se le vincula con esposa ni hijos y además de eso en su época era normal que las personas que ocupaban altos puestos en los reinos fueran eunucos.

*"De tus hijos que saldrán de ti, y que habrás engendrado, tomarán, y serán eunucos en el palacio del rey de Babilonia." Isaías 39:7*

Una de las cosas que sobresalen de la personalidad de Daniel es su integridad que incluso trascendió los imperios ya que cuando Babilonia cae a Daniel no se le asesina o encarcela, sino más bien en el imperio de los medos y los persas ocupa un puesto de confianza bastante alto. De paso, para la época en que los medos y los persas comienzan a reinar ya Daniel es una persona de edad avanzada de alrededor de 80 años.

El pueblo de Israel después de la muerte de Salomón se había dividido en dos reinos: El reino de Israel en el norte y el reino de Judá en el sur. De los dos reinos, el primero en caer fue el reino de Israel en manos de los Asirios, sin embargo, unos 135 años después de ese acontecimiento el reino de Judá cae en manos de los Babilonios y el pueblo es llevado hasta la capital del imperio en tres deportaciones y precisamente Daniel fue deportado en la primera de esas deportaciones.

*"En el año tercero del reinado de Joacim rey de Judá, vino Nabucodonosor rey de Babilonia a Jerusalén, y la sitió.² Y el Señor entregó en sus manos a Joacim rey de Judá, y parte de los utensilios de la casa de Dios; y los trajo a tierra de Sinar, a la casa de su dios, y colocó los utensilios en la casa del tesoro de su dios."* Daniel 1:1,2

Este acontecimiento, de que Judá iba a ser conquistada y llevada cautiva exactamente por 70 años a Babilonia ya había sido profetizado por el profeta Jeremías varios años antes de que ocurriera el hecho y esto va a ser relevante en Daniel 9.

*"Toda esta tierra será puesta en ruinas y en espanto; y servirán estas naciones al rey de Babilonia setenta años."* Jeremías 25:11

En cuanto al reino de Israel podemos decir que esas tribus nunca más volvieron a su tierra y se les conoce como las tribus perdidas de la casa de Israel. Como dato curioso, Daniel fue contemporáneo de los profetas Jeremías y Ezequiel nada más que Daniel y Ezequiel fueron exiliados mientras que a Jeremías se le permitió quedarse en Jerusalén.

Esto de llevar a los pueblos conquistados de un lugar a otro era algo que caracterizaba tanto a los asirios como a los babilonios y lo hacían con el fin de quitar el arraigo que los pueblos tenían de su tierra. Eventualmente los lugares que quedaban vacíos eran sustituidos por gentes de otros lugares y en el caso de Israel esto dio como resultado que los pueblos que fueron trasladados a su tierra fueran luego adoctrinados en el judaísmo por orden del rey asirio Salmanasar para evitar, según él, una serie ataques de leones bastante inusual en los que se vieron envueltos los recién llegados y esto dio como resultado una mezcla extraña entre judaísmo con paganismo que dio origen a lo que posteriormente se conocería como samaritanismo.

Cuando el rey Nabucodonosor ataca Jerusalén no solo transporta al pueblo de un lugar a otro, sino que el templo que construyera Salomón es saqueado y tanto el templo como la ciudad son totalmente destruidos y este hecho también es importante a la hora de interpretar la profecía de las 70 semanas de Daniel 9.

Cuando los Babilonios conquistaban los pueblos tenían el cuidado de separar a los jóvenes de las familias educadas con el fin de ponerlos a trabajar en sus intereses. Los jóvenes eran sometidos a estudios en la capital del reino para que aprendieran la lengua, la cultura y las ciencias de los babilonios que de paso tenían grandes avances en arquitectura, matemática, astronomía y otro sin fin de conocimientos y dentro del grupo de los hebreos fueron seleccionados Daniel y tres jóvenes más.

*"Y dijo el rey a Aspenaz, jefe de sus eunucos, que trajese de los hijos de Israel, del linaje real de los príncipes,[4] muchachos en quienes no hubiese tacha alguna, de buen parecer, enseñados en toda sabiduría, sabios en ciencia y de buen entendimiento, e idóneos para estar en el palacio del rey; y que les enseñase las letras y la lengua de los caldeos." Daniel 1:3,4*

Ya en Daniel 1:5 comienza la primera prueba de Daniel y sus amigos. El pueblo judío se guardaba de no comer carnes inmundas de acuerdo a lo estipulado en Levítico 11, sin embargo, los jóvenes que llegaban al palacio tenían que comer lo mismo que comía el rey de Babilonia y lo que para otros era un privilegio para esos muchachos que habían sido educados en el temor del Señor aquello era un verdadero desafío que podía incluso costarles la vida si se rechazaba.

A pesar de todo, ellos decidieron mantenerse firme en sus valores y su fe dio como resultado que al final se vieron libres para seguir la dieta que Dios había señalado para sus hijos. Dios es nuestro creador y Él sabe que es lo mejor para nosotros. Estas leyes de alimentación no son leyes rituales sino leyes de salud que deberían seguir todos aquellos que quieran agradar al Señor cuidando el templo de su cuerpo.

*"¿No sabéis que sois templo de Dios, y que el Espíritu de Dios mora en vosotros?[17] Si alguno destruyere el templo de Dios, Dios le destruirá a él; porque el templo de Dios, el cual sois vosotros, santo es."* 1 Corintios 3:16,17

El mismo hecho de que a los jóvenes se les cambiara el nombre y que incluso a Daniel se le pusiera el nombre de un dios babilonio nos dice que la intención era de que la mentalidad de los muchachos debía ser totalmente cambiada y la forma en la que actuaron los jóvenes es ejemplo para los cristianos en el mundo en que nos desarrollamos actualmente. Bien podemos decir que Daniel vivió en Babilonia, pero Babilonia nunca vivió en Daniel.

*"Y les señaló el rey ración para cada día, de la provisión de la comida del rey, y del vino que él bebía; y que los criase tres años, para que al fin de ellos se presentasen delante del rey.[6] Entre éstos estaban Daniel, Ananías, Misael y Azarías, de los hijos de Judá.[7] A éstos el jefe de los eunucos puso nombres: puso a Daniel, Beltsasar; a Ananías, Sadrac; a Misael, Mesac; y a Azarías, Abed-nego.[8] Y Daniel propuso en su corazón no contaminarse con la porción de la comida del rey, ni con el vino que él bebía; pidió, por tanto, al jefe*

*de los eunucos que no se le obligase a contaminarse.*[9] *Y puso Dios a Daniel en gracia y en buena voluntad con el jefe de los eunucos;*[10] *y dijo el jefe de los eunucos a Daniel: Temo a mi señor el rey, que señaló vuestra comida y vuestra bebida; pues luego que él vea vuestros rostros más pálidos que los de los muchachos que son semejantes a vosotros, condenaréis para con el rey mi cabeza.*[11] *Entonces dijo Daniel a Melsar, que estaba puesto por el jefe de los eunucos sobre Daniel, Ananías, Misael y Azarías:*[12] *Te ruego que hagas la prueba con tus siervos por diez días, y nos den legumbres a comer, y agua a beber.*[13] *Compara luego nuestros rostros con los rostros de los muchachos que comen de la ración de la comida del rey, y haz después con tus siervos según veas.*[14] *Consintió, pues, con ellos en esto, y probó con ellos diez días.*[15] *Y al cabo de los diez días pareció el rostro de ellos mejor y más robusto que el de los otros muchachos que comían de la porción de la comida del rey.*[16] *Así, pues, Melsar se llevaba la porción de la comida de ellos y el vino que habían de beber, y les daba legumbres."* Daniel 1:5-16

Esta perseverancia en las cosas del Señor trajo el éxito en los muchachos y, como veremos luego, este gran testimonio hizo que el nombre de Dios fuera exaltado entre los paganos.

*"A estos cuatro muchachos Dios les dio conocimiento e inteligencia en todas las letras y ciencias; y Daniel tuvo entendimiento en toda visión y sueños.*[18] *Pasados, pues, los días al fin de los cuales había dicho el rey que los trajesen, el jefe de los eunucos los trajo delante de Nabucodonosor.*[19] *Y el rey habló con ellos, y no fueron hallados entre todos ellos otros como Daniel, Ananías, Misael y Azarías; así, pues, estuvieron delante del rey.*[20] *En todo asunto de sabiduría e inteligencia que el rey les consultó, los halló diez veces mejores que todos los magos y astrólogos que había en todo su*

*reino.*[21] *Y continuó Daniel hasta el año primero del rey Ciro."* Daniel 1:17-21

No sabemos quiénes fueron los padres de estos muchachos, pero sin duda eran padres que se preocuparon por la vida espiritual y terrenal de sus hijos. Sobre esto dice Salomón:

*"Instruye al niño en su camino, Y aun cuando fuere viejo no se apartará de él."* Proverbios 22:6

# *Daniel 2*

# El sueño de Nabucodonosor

A lo largo de la historia ha habido imperios realmente más grandes de los que se mencionan en las profecías de Daniel, sin embargo, los imperios a los que hacen alusión estas profecías tienen la particularidad de que en ellos ha vivido el pueblo de Dios.

El rey Nabucodonosor es un personaje muy importante de la historia universal del cual se sabe mucho gracias a la arqueología y a las referencias que de él se tienen en los escritos de otras culturas antiguas, incluyendo la Biblia. Nabucodonosor, según el relato bíblico, era un hombre sumamente orgulloso y de un carácter bastante temperamental y cruel que no dudaba en acabar con la vida de alguien si era perturbado.

En el capítulo 2 ya Daniel había terminado la preparación de tres años que pudimos observar en el capítulo 1 y se encontraba entre los sabios que servían al rey. Por supuesto, solo Daniel y sus amigos eran los únicos sabios que servían al Dios verdadero y todos los demás eran paganos que, como era la costumbre de la época, mezclaban superstición con ciencia y en la mayoría de los casos inventaban cosas para satisfacer la curiosidad y el orgullo de los monarcas.

Una noche el rey Nabucodonosor tuvo un sueño muy importante que tenía que ver, sin lugar a dudas, con la inquietud que tenía el rey sobre el futuro de su glorioso reino, sin embargo, cuando Nabucodonosor despierta solo sabe que algo muy importante soñó, pero no recuerda absolutamente nada de ese sueño y esto lo inquietó muchísimo. El Señor no permitió que el rey recordará nada para que luego los magos y astrólogos no vinieran a inventarle cosa alguna al rey y esto nos confirma que Satanás realmente no conoce el futuro ya que ni él pudo poner falso testimonio en sus labios. Es precisamente esta circunstancia la que hace al final que el nombre de Dios sea glorificado. El sueño, como más adelante veremos, no solo le iba a revelar a Nabucodonosor el futuro de su reino, sino que ese sueño iba a revelar lo que sucedería desde el imperio de Babilonia hasta el final del mundo.

Por supuesto, el rey al escuchar que sus magos y astrólogos eran incapaces de decirle qué era lo que él había soñado se enfureció y los sentenció a muerte y, claro, esa sentencia de muerte afectaba tanto a Daniel como a sus amigos.

*"En el segundo año del reinado de Nabucodonosor, tuvo Nabucodonosor sueños, y se perturbó su espíritu, y se le fue el sueño.[2] Hizo llamar el rey a magos, astrólogos, encantadores y caldeos, para que le explicasen sus sueños. Vinieron, pues, y se presentaron delante del rey.[3] Y el rey les dijo: He tenido un sueño, y mi espíritu se ha turbado por saber el sueño.[4] Entonces hablaron los caldeos al rey en lengua aramea: Rey, para siempre vive; dí el sueño a tus siervos, y te mostraremos la interpretación.[5] Respondió el rey y dijo a los caldeos: El asunto lo olvidé; si no me mostráis el sueño y su interpretación, seréis hechos pedazos, y vuestras casas serán convertidas en muladares.[6] Y si me mostrareis el sueño y su interpretación, recibiréis de mí dones y favores y gran honra. Decidme, pues, el sueño y su interpretación.[7] Respondieron por segunda vez, y dijeron: Diga el rey el sueño a sus siervos, y le mostraremos la interpretación.[8] El rey respondió y dijo: Yo conozco ciertamente que vosotros ponéis dilaciones, porque veis que el asunto se me ha ido.[9] Si no me mostráis el sueño, una sola sentencia hay para vosotros. Ciertamente preparáis respuesta mentirosa y perversa que decir delante de mí, entre tanto que pasa el tiempo. Decidme,*

*pues, el sueño, para que yo sepa que me podéis dar su interpretación.* [10] *Los caldeos respondieron delante del rey, y dijeron: No hay hombre sobre la tierra que pueda declarar el asunto del rey; además de esto, ningún rey, príncipe ni señor preguntó cosa semejante a ningún mago ni astrólogo ni caldeo.* [11] *Porque el asunto que el rey demanda es difícil, y no hay quien lo pueda declarar al rey, salvo los dioses cuya morada no es con la carne.* [12] *Por esto el rey con ira y con gran enojo mandó que matasen a todos los sabios de Babilonia.* [13] *Y se publicó el edicto de que los sabios fueran llevados a la muerte; y buscaron a Daniel y a sus compañeros para matarlos."* Daniel 2:1-13

Esta situación tan compleja en la que se encontraba Daniel y también sus compañeros era, por su puesto, una oportunidad para que Satanás se deshiciera de estos muchachos ya que la influencia de ellos en el palacio del rey podría presentarle obstáculos en el futuro, dado que desde allí Satanás influía a las demás naciones y de este tema hablaremos más ampliamente cuando analicemos Daniel 10.

Cuando Daniel se entera de lo que va a suceder pide que se le dé chance para no solo revelar lo que el rey había soñado sino también dar la interpretación del sueño y es entonces cuando Daniel y sus amigos oran al Señor y el Señor le revela a Daniel todo lo que Nabucodonosor había soñado y la interpretación misma del sueño.

*"Entonces Daniel habló sabia y prudentemente a Arioc, capitán de la guardia del rey, que había salido para matar a los sabios de Babilonia.* [15] *Habló y dijo a Arioc capitán del rey: ¿Cuál es la causa de que este edicto se publique de parte del rey tan apresuradamente? Entonces Arioc hizo saber a Daniel lo que había.* [16] *Y Daniel entró y pidió al rey que le diese tiempo, y que él mostraría la*

*interpretación al rey.*[17] *Luego se fue Daniel a su casa e hizo saber lo que había a Ananías, Misael y Azarías, sus compañeros,*[18] *para que pidiesen misericordias del Dios del cielo sobre este misterio, a fin de que Daniel y sus compañeros no pereciesen con los otros sabios de Babilonia.*[19] *Entonces el secreto fue revelado a Daniel en visión de noche, por lo cual bendijo Daniel al Dios del cielo.*[20] *Y Daniel habló y dijo: Sea bendito el nombre de Dios de siglos en siglos, porque suyos son el poder y la sabiduría.*[21] *El muda los tiempos y las edades; quita reyes, y pone reyes; da la sabiduría a los sabios, y la ciencia a los entendidos.*[22] *El revela lo profundo y lo escondido; conoce lo que está en tinieblas, y con él mora la luz.*[23] *A ti, oh Dios de mis padres, te doy gracias y te alabo, porque me has dado sabiduría y fuerza, y ahora me has revelado lo que te pedimos; pues nos has dado a conocer el asunto del rey.*[24] *Después de esto fue Daniel a Arioc, al cual el rey había puesto para matar a los sabios de Babilonia, y le dijo así: No mates a los sabios de Babilonia; llévame a la presencia del rey, y yo le mostraré la interpretación.*[25] *Entonces Arioc llevó prontamente a Daniel ante el rey, y le dijo así: He hallado un varón de los deportados de Judá, el cual dará al rey la interpretación.*[26] *Respondió el rey y dijo a Daniel, al cual llamaban Beltsasar: ¿Podrás tú hacerme conocer el sueño que vi, y su interpretación?*[27] *Daniel respondió delante del rey, diciendo: El misterio que el rey demanda, ni sabios, ni astrólogos, ni magos ni adivinos lo pueden revelar al rey.*[28] *Pero hay un Dios en los cielos, el cual revela los misterios, y él ha hecho saber al rey Nabucodonosor lo que ha de acontecer en los postreros días. He aquí tu sueño, y las visiones que has tenido en tu cama." Daniel 2:14-28*

En todo esto vemos la humildad de Daniel que bien se hubiera podido jactar de ser el único que sabía el sueño y la interpretación de este y, sin embargo, no lo hizo y más bien le dio en todo la honra y la gloria a Dios.

El sueño de Nabucodonosor consistía en una estatua que a diferencia de una estatua normal estaba compuesta de múltiples materiales y su base, que debería ser fuerte para soportar todos los materiales pesados que estaban arriba, era parcialmente de barro.

La cabeza de la imagen era de oro, el pecho y los brazos de plata, el vientre y los muslos de bronce, las piernas de hierro y los pies en parte de barro y en parte de hierro. Sabemos que cada uno de estos materiales representan un reino porque Daniel le dice al rey que la cabeza lo representa a él y los términos rey y reino en profecía son intercambiables, como veremos cuando lleguemos al estudio de Daniel 7.

*"Estando tú, oh rey, en tu cama, te vinieron pensamientos por saber lo que había de ser en lo por venir; y el que revela los misterios te mostró lo que ha de ser.[30] Y a mí me ha sido revelado este misterio, no porque en mí haya más sabiduría que en todos los vivientes, sino para que se dé a conocer al rey la interpretación, y para que entiendas los pensamientos de tu corazón.[31] Tú, oh rey, veías, y he aquí una gran imagen. Esta imagen, que era muy grande, y cuya gloria era muy sublime, estaba en pie delante de ti, y su aspecto era terrible.[32] La cabeza de esta imagen era de oro fino; su pecho y sus brazos, de plata; su vientre y sus muslos, de bronce;[33] sus piernas, de hierro; sus pies, en parte de hierro y en parte de barro cocido.[34] Estabas mirando, hasta que una piedra fue cortada, no con mano, e hirió a la imagen en sus pies de hierro y de barro cocido, y los desmenuzó.[35] Entonces fueron desmenuzados también el hierro, el barro cocido, el bronce, la plata y el oro, y*

*fueron como tamo de las eras del verano, y se los llevó el viento sin que de ellos quedara rastro alguno. Mas la piedra que hirió a la imagen fue hecha un gran monte que llenó toda la tierra.[36] Este es el sueño; también la interpretación de él diremos en presencia del rey.[37] Tú, oh rey, eres rey de reyes; porque el Dios del cielo te ha dado reino, poder, fuerza y majestad.[38] Y dondequiera que habitan hijos de hombres, bestias del campo y aves del cielo, él los ha entregado en tu mano, y te ha dado el dominio sobre todo; tú eres aquella cabeza de oro."* Daniel 2:29-38

La sucesión de imperios desde de Babilonia, tal cual lo confirma también la historia, va como se detalla a continuación:

La cabeza de oro que es Babilonia gobernó desde el año 605 antes de Cristo hasta el año 539 antes de Cristo. Los Babilonios cayeron en manos de los medos y los persas, representados por los brazos y el pecho de plata de la imagen, en el año 539 y se mantuvieron en la cúspide del poder hasta el año 331 cuando su reino fue sometido por los griegos quienes a su vez gobernaron hasta el año 168 antes de Cristo y que están representados en la estatua por el vientre y los muslos de bronce. Ese año cayeron los griegos en poder del imperio romano que gobernó hasta el año 476 después de Cristo y se representa al imperio romano en el sueño que tuvo Nabucodonosor con las piernas de hierro de la estatua.

*"Y después de ti se levantará otro reino inferior al tuyo; y luego un tercer reino de bronce, el cual dominará sobre toda la tierra.[40] Y el cuarto reino será fuerte como hierro; y como el hierro desmenuza y rompe todas las cosas, desmenuzará y quebrantará todo."* Daniel 12:39,40

Como podemos apreciar, los materiales de la estatua se van degradando pues empiezan con una cabeza de oro y terminan con hierro y barro y esto nos dice que la degradación de la historia va de mal en peor y el esplendor de los imperios, conforme pasan estos, también va decayendo. Es interesante también que los materiales van desde los más blandos hasta los más duros y esto nos indica que los imperios cada vez iban a ser más implacables.

Como todos sabemos, todos estos imperios dejaron de ser hace miles de años y, por lo tanto, nos atañe a nosotros concentrarnos básicamente en los pies de la estatua y en esa piedra que viene al final y que desbarata la imagen.

*"Y lo que viste de los pies y los dedos, en parte de barro cocido de alfarero y en parte de hierro, será un reino dividido; mas habrá en él algo de la fuerza del hierro, así como viste hierro mezclado con barro cocido.<u>42</u> Y por ser los dedos de los pies en parte de hierro y en parte de barro cocido, el reino será en parte fuerte, y en parte frágil.<u>43</u> Así como viste el hierro mezclado con barro, se mezclarán por medio de alianzas humanas; pero no se unirán el uno con el otro, como el hierro no se mezcla con el barro.<u>44</u> Y en los días de estos reyes el Dios del cielo levantará un reino que no será jamás destruido, ni será el reino dejado a otro pueblo; desmenuzará y consumirá a todos estos reinos, pero él permanecerá para siempre,<u>45</u> de la manera que viste que del monte fue cortada una piedra, no con mano, la cual desmenuzó el hierro, el bronce, el barro, la plata y el oro. El gran Dios ha mostrado al rey lo que ha de acontecer en lo por venir; y el sueño es verdadero, y fiel su interpretación." Daniel 2:41-45*

Una cosa que llama de primero la atención es que el material que representa al imperio romano, el hierro, todavía está presente en los pies y esto quiere decir que un vestigio de lo que fue el imperio romano estará vigente hasta el fin de los tiempos. En cuanto al barro podemos decir que en el Antiguo Testamento esto representa al pueblo de Dios. Literalmente hablando el hombre fue hecho de barro. Dios hizo primero una figura sin vida y luego le sopló el aliento de vida y el hombre llegó a ser un ser viviente o un alma viviente, como dicen algunas versiones.

*"Entonces Jehová Dios formó al hombre del polvo de la tierra, y sopló en su nariz aliento de vida, y fue el hombre un ser viviente."* Génesis 2:7

*"Ahora pues, Jehová, tú eres nuestro padre; nosotros barro, y tú el que nos formaste; así que obra de tus manos somos todos nosotros."* Isaías 64:8

Ahora bien, esto que ocurrió literalmente se utiliza como analogía de la manera en que Dios forma a su iglesia. Veamos el simbolismo del alfarero que aparece en Jeremías.

*"Palabra de Jehová que vino a Jeremías, diciendo:[2] Levántate y vete a casa del alfarero, y allí te haré oír mis palabras.[3] Y descendí a casa del alfarero, y he aquí que él trabajaba sobre la rueda.[4] Y la vasija de barro que él hacía se echó a perder en su mano; y volvió y la hizo otra vasija, según le pareció mejor hacerla.[5] Entonces vino a mí palabra de Jehová, diciendo:[6] ¿No podré yo hacer de vosotros como este alfarero, oh casa de Israel? dice Jehová. He aquí que como el barro en la mano del alfarero, así sois vosotros en mi mano, oh casa de Israel."* Jeremías 18:1-6

Por supuesto, en el Nuevo Pacto el pueblo de Dios no es el pueblo de Israel sino su iglesia y la cabeza de ese cuerpo espiritual que se representa con el barro es Cristo.

*"Y él es la cabeza del cuerpo que es la iglesia, él que es el principio, el primogénito de entre los muertos, para que en todo tenga la preeminencia."* Colosenses 1:18

Es interesante que antes de que el Espíritu descendiera sobre el cuerpo de la iglesia esta tenía todas sus partes pero no estaban todavía bien articuladas, sin embargo, ese cuerpo eclesiástico cobra vida propia y se articula perfectamente a partir del Pentecostés con la venida del Espíritu Santo.

Un símil muy parecido es el que se utiliza en Ezequiel 37 en la visión de los huesos secos que cobran vida cuando el Espíritu sopla sobre ellos y que representa la manera en que se encontraba el pueblo de Judá durante el cautiverio Babilónico y la forma en que serían restaurados cuando regresarán de nuevo a su tierra.

Esto nos deja claro de que en la época de los pies de la estatua un poder político, pero a la vez religioso mantendrá su poder e influencia sobre las naciones y de este poder se habla mucho en todas las profecías, tanto del libro de Daniel como de Apocalipsis.

Los diez dedos de los pies indican el lugar de procedencia de ese poder político y religioso ya que el imperio romano se divide precisamente en diez tribus bárbaras que son las que dieron origen a las actuales naciones europeas y, por lo tanto, ese poder político y religioso surgiría de Europa y precisamente de Roma.

El término bárbaro se utilizaba entre los romanos para referirse a todo aquel que no era griego o romano y que, por lo tanto, no era civilizado según sus propias perspectivas. Estos pueblos particularmente comenzaron a venir del norte de Europa en una época en que Roma se había extendido tanto que ya no podía patrullar debidamente sus fronteras. Con el tiempo, tal cual dice la profecía, habría muchos intentos de unir de nuevo políticamente estas tierras tal cual estuvieron unidas durante el imperio romano pero así como el barro no se puede unir al hierro cualquier intento de unión sería infructuoso. Para unir a Europa se ha recurrido a la guerra, las uniones matrimoniales entre los reyes de la antigüedad y más recientemente la Unión Europea de la que últimamente se ha salido Inglaterra y que en realidad no ha acogido a todos los países europeos, como es el caso de Suiza. Estas tribus en particular fueron:

Hérulos, Vándalos, Ostrogodos, Visogodos, Suevos, Burgondios, Francos, Lombardos, Germanos y Sajones.

La amalgama del barro con el hierro se concretó específicamente en el año 538 cuando el emperador Justiniano I que gobernaba en Constantinopla (hoy Turquía) derrota a los ostrogodos que dominaban en Roma. Al serle eliminado este problema a la iglesia romana le queda libre el acceso al poder ya que se convierte en la principal institución de occidente durante 1260 años, como veremos más adelante. Según avancemos en el estudio nos daremos cuenta de que este poder que persiguió y mató a cuantos se le oponían durante ese largo periodo volverá a hacer lo mismo en un futuro cercano.

Al final del sueño de Nabucodonosor una piedra viene del cielo y derriba la imagen y de esta piedra se forma un monte que llenó toda la tierra que representa a un reino que se formará y que no tendrá fin como los otros.

La piedra del sueño no es otro que Cristo (1 Pedro 2:4-8) y el hecho de que esta piedra venga y destruya el sistema político creado por la humanidad a lo largo de los siglos (representado por las diferentes partes de la imagen) nos señala, sin lugar a dudas, la segunda venida de nuestro Señor. Ahora bien, la frase de Daniel 2:34 que dice que la piedra fue *"cortada, no con mano"* es una frase bíblica para señalar que este evento, la segunda venida de Cristo, es algo que no es de origen humano o que no pertenece a este mundo, en otras palabras, es un fenómeno sobrenatural.

*"Pero estando ya presente Cristo, sumo sacerdote de los bienes venideros, por el más amplio y más perfecto tabernáculo, no hecho de manos, es decir, no de esta creación."* Hebreos 9:11

Después de que la piedra destruye la imagen se forma un monte que llena toda la tierra y un monte en profecía representa reinos, como podemos apreciar en los siguientes textos en donde se compara a Babilonia con un monte.

*"Y pagaré a Babilonia y a todos los moradores de Caldea, todo el mal que ellos hicieron en Sion delante de vuestros ojos, dice Jehová.[25] He aquí yo estoy contra ti, oh monte destruidor, dice Jehová, que destruiste toda la tierra; y extenderé mi mano contra ti, y te haré rodar de las peñas, y te reduciré a monte quemado."* Jeremías 51:24,25

Luego de que Cristo venga a este mundo se establecerá un reino que no tendrá fin y tendrá como capital a la Nueva Jerusalén que descenderá del cielo, según se aprecia en Apocalipsis.

*"Y en los días de estos reyes el Dios del cielo levantará un reino que no será jamás destruido, ni será el reino dejado a otro pueblo; desmenuzará y consumirá a todos estos reinos, pero él permanecerá para siempre."* Daniel 2:44

*"Vi un cielo nuevo y una tierra nueva; porque el primer cielo y la primera tierra pasaron, y el mar ya no existía más.[2] Y yo Juan vi la santa ciudad, la nueva Jerusalén, descender del cielo, de Dios, dispuesta como una esposa ataviada para su marido.[3] Y oí una gran voz del cielo que decía: He aquí el tabernáculo de Dios con los hombres, y él morará con ellos; y ellos serán su pueblo, y Dios mismo estará con ellos como su Dios.[4] Enjugará Dios toda lágrima de los ojos de ellos; y ya no habrá muerte, ni habrá más llanto, ni clamor, ni dolor; porque las primeras cosas pasaron."* Apocalipsis 21:1-4

Daniel 2 nos deja claro que el Señor conoce todas las cosas desde el principio hasta el fin y a pesar de toda la confusión y maldad que impera en el mundo Él tiene control de todo y un día determinado para la solución de todos los problemas, incluyendo los tuyos.

Pareciera que al final de Daniel 2 Nabucodonosor no solo conoció quién era el único y verdadero Dios, sino que además iba tener en cuenta la voluntad del Señor, sin embargo, como vamos a ver en los siguientes dos capítulos esto no fue sostenido en el tiempo ya que luego su orgullo no solamente lo iba a dominar sino a meter en problemas.

*"Entonces el rey Nabucodonosor se postró sobre su rostro y se humilló ante Daniel, y mandó que le ofreciesen presentes e incienso.[47] El rey habló a Daniel, y dijo: Ciertamente el Dios vuestro es Dios de dioses, y Señor de los reyes, y el que revela los misterios, pues pudiste revelar este misterio.[48] Entonces el rey engrandeció a Daniel, y le dio muchos honores y grandes dones, y le hizo gobernador de toda la provincia de Babilonia, y jefe supremo de todos los sabios de Babilonia.[49] Y Daniel solicitó del rey, y obtuvo que*

*pusiera sobre los negocios de la provincia de Babilonia a Sadrac, Mesac y Abed-nego; y Daniel estaba en la corte del rey."* Daniel 2:46-49

# Daniel 3 y 4

## La estatua de oro y el 666

Daniel 3 nos narra la historia en la que Nabucodonosor hace una estatua de oro para que sea adorada por todas las principales autoridades del reino precisamente el día de la inauguración de la imagen. Desobedecer el mandato de adorar a la imagen estaba castigado, ni más ni menos, que con la pena de muerte en un horno de fuego ardiendo. En esta historia, por razones que son desconocidas no aparece Daniel, pero son sus amigos los que son probados ya que ellos, al ser personalidades del reino, como vimos en el capítulo 2, deben decidir si adoran a la imagen hecha por el rey o rehúsan someterse a esa orden.

La historia nos dice que estos muchachos decidieron no obedecer la orden y por ello Nabucodonosor lleno de ira los manda a echar dentro del horno, luego de ser el horno calentado 7 veces más de lo normal. El horno estaba tan caliente que los hombres que llevaban a los tres hebreos alzados para tirarlos dentro del horno murieron al acercarse al mismo, sin embargo, los tres muchachos no sufrieron daño alguno dentro del horno. Lo más extraño del asunto era que dentro del horno de un pronto a otro ya no había tres personas sino cuatro que se paseaban entre el fuego conversando como si nada sucediese. El rey describe al cuarto personaje como uno "semejante a hijo de los dioses" o uno "semejante al Hijo de Dios", como lo traducen algunas versiones.

El rey Nabucodonosor al ver tan gran evento se acercó a la puerta del horno y llamó por sus nombres a los muchachos y cuando ellos salen termina de confirmar que ni siquiera la ropa de ellos fue consumida y ni olor a humo tenían.

Al final el rey publica un decreto en el que se ordena que cualquiera que dijere alguna blasfemia contra el Dios de los jóvenes hebreos fuera descuartizado y su casa destruida. A pesar de todo, el rey todavía no reconoce al Dios verdadero como su Dios pues termina llamando al Señor como solo Dios de los muchachos hebreos en el versículo 29.

Ahora bien, el capítulo cuatro de Daniel es un capítulo escrito por el mismo rey Nabucodonosor en el que él narra la experiencia que hizo que por último reconociera al Dios de los hebreos como suyo también. En ese capítulo toda la soberbia de Nabucodonosor queda abatida y reconoce con humildad como el Señor es el que tiene el dominio eterno y que su voluntad es la que siempre se termina imponiendo.

El rey tiene un sueño que ningún sabio o astrólogo pudo interpretar salvo Daniel el profeta. En este sueño el rey ve a un árbol inmenso y era tan grande que se podía ver desde todos los confines de la tierra. Este árbol servía de refugio a todas las criaturas de la tierra, pero de un pronto a otro un ángel descendía del cielo y ordenaba cortar el árbol pero sus raíces había que dejarlas intactas y el corazón de hombre que tenía el árbol debía ser cambiado por el de una bestia y que en esa condición quedaría durante siete años.

Este árbol, según la interpretación que da el profeta, representaba a Nabucodonosor quien después de ser como ese árbol grande y hermoso se comportaría como una bestia durante siete años, sin embargo, luego de los siete años su reino le sería devuelto. Esta profecía, tal como lo dijo Daniel, era condicional y podía sucederle al rey solo si no cambiaba su vida orgullosa y si no se convertía en una persona más misericordiosa. Después de un año de habérsele dado esta amonestación Nabucodonosor olvidó la advertencia y abrió su boca para decir lo siguiente:

*"Al cabo de 12 meses, paseando en el palacio real de Babilonia, habló el rey y dijo: ¿No es esta la gran Babilonia que yo edifiqué para casa real con la fuerza de mi poder, y para la gloria de mi majestad?"* Daniel 4:29,30

En ese mismo instante dice la Palabra de Dios que se cumplió lo que se le había predicho y el comportamiento del rey se tornó como el de una bestia tanto así que fue sacado de entre los hombres y comía hierba como los bueyes y su cuerpo se mojaba con el rocío del cielo y su pelo creció mucho. A pesar de todo, después de permanecer en esa condición durante siete años el reino le fue devuelto cuando recobró la cordura y luego de esta humillación la vida de Nabucodonosor fue otra y al final termina diciendo:

*"Ahora yo Nabucodonosor alabo, engrandezco y glorifico al Dios del cielo, porque todas sus obras son verdaderas, y sus caminos justos; y el puede humillar a los que andan con soberbia."* Daniel 4:37

Ahora analicemos los detalles de los capítulos 3 y 4 de Daniel.

En el capítulo 2 de Daniel pudimos ver como el Señor a través de un sueño le reveló al rey Nabucodonosor que su reino iba a ser reemplazado por una serie de reinos hasta el final de los tiempos. Su reino, Babilonia, solo era representado por la cabeza de oro y eso no fue del agradado del rey y esa inconformidad la dejó en evidenciada en el capítulo 3.

El rey Nabucodonosor manda a hacer una estatua totalmente de oro, desafiando de este modo a Dios. Con este acto el rey está diciendo que Babilonia no era solamente la cabeza de oro sino también el resto de la imagen.

Las dimensiones de la imagen que levantó Nabucodonosor son muy importantes. La imagen media 60X6 que es igual a 360 cuyo número era sagrado entre los babilonios. Los babilonios fueron los que dividieron el espacio en 360 grados y fueron ellos los que establecieron el año de 360 días. El número 360 en Babilonia representaba todo el tiempo y todo el espacio. Leamos Daniel 3:1.

*"El rey Nabucodonosor hizo una estatua de oro cuya altura era de sesenta codos y su anchura de seis codos; la levantó en el campo de Dura, en la provincia de Babilonia."* Daniel 3:1

Esta imagen representaba al dios Marduk o Bel que estaba relacionado con el sol y de allí también que se escogiera ese material en específico para construir la imagen. La idea de Nabucodonosor era representar en esa imagen al dios que abarcaba todo el espacio y el tiempo.

Ahora bien, el número 360 está relacionado con el número 666 y veremos por qué. Los babilonios dividían los segmentos de tiempo y espacio en 36 lapsos de diez días y en 36 espacios de diez grados y estos 36 decanos o segmentos representaban al panteón babilónico. Si se suman los números del 1 al 36 da como resultado 666. El dios Marduk o dios sol de los babilonios no se encontraba dentro del panteón babilónico ya que era el dios supremo que gobernaba sobre los demás dioses. El verdadero gobernante del tiempo y del espacio es el Señor y, por lo tanto, la estatua de oro es una falsificación del Dios verdadero.

Los sacerdotes babilonios tenían unos medallones circulares llamados sellos del sol. Esos medallones eran circulares y de oro pues representaban al dios sol. Los medallones de oro tenían 36 cuadros con los números del 1 al 36 pero de forma aparentemente desordenada, sin embargo, si se suman cada una de las líneas dará como resultado 111 y la suma total de las 6 líneas dará como resultado 666 y lo mismo ocurre con la suma de las 6 columnas. En una de las caras de estos medallones se encontraba un león que en babilonia representaba también al sol tanto por su color como por su melena y éste a su vez era símbolo de babilonia. El signo del zodiaco, que es un invento babilónico, tiene como símbolo un león precisamente en las fechas de más calor en el hemisferio norte.

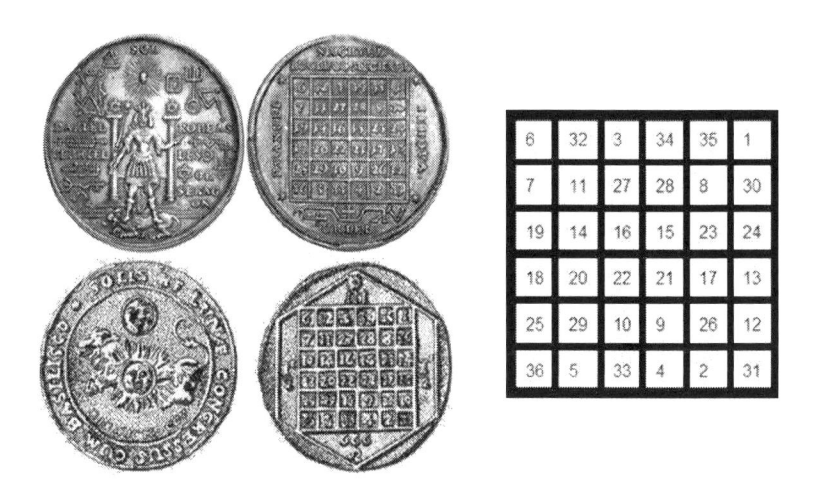

| 6 | 32 | 3 | 34 | 35 | 1 |
|---|----|---|----|----|---|
| 7 | 11 | 27 | 28 | 8 | 30 |
| 19 | 14 | 16 | 15 | 23 | 24 |
| 18 | 20 | 22 | 21 | 17 | 13 |
| 25 | 29 | 10 | 9 | 26 | 12 |
| 36 | 5 | 33 | 4 | 2 | 31 |

La imagen, por su puesto, era dedicada al dios sol y el que se arrodillara ante ella estaría adorando al dios sol y por ende reverenciando el número 666.

El tema clave de Daniel 3 es la adoración y en resumen Nabucodonosor quiere que se adore a la imagen cuyo número es el 666.

Esto nos indica que el 666 está relacionado con la adoración falsa. En esta historia hay una unión de la iglesia con el estado o de la religión con la política ya que es el rey el que manda a todos a adorar a la imagen.

Otro detalle es que este decreto fue universal, tal cual lo evidencia Daniel 3:3-6.

*"Fueron, pues, reunidos los sátrapas, magistrados, capitanes, oidores, tesoreros, consejeros, jueces, y todos los gobernadores de las provincias, a la dedicación de la estatua que había levantado Nabucodonosor. Y el pregonero anunciaba en alta voz: Mándase a vosotros, oh pueblos, naciones y lenguas, que al oír el son de la bocina, de la flauta, del tamboril, del arpa, del salterio, de la zampoña, y de todo instrumento de música, os postréis y adoréis la estatua de oro que el rey Nabucodonosor ha levantado; y cualquiera que no se postre y adore, inmediatamente será echado dentro de un horno de fuego ardiendo." Daniel 3:3-6*

Este es un conflicto también entre las leyes de Dios y las leyes de los hombres, como comprobamos en Daniel 3:10

*"Tú oh rey, has dado una ley que todo hombre, al oír el son de la bocina, de la flauta, del tamboril, del arpa, del salterio, de la zampoña y de todo instrumento de música, se postre y adore la estatua de oro." Daniel 3:10*

El conflicto no solo era a quién se adora sino a quién se obedece y para los que no adoraban la imagen se dio un decreto de muerte que encontramos en Daniel 3:6.

*"y cualquiera que no se postre y adore, inmediatamente será echado dentro de un horno de fuego ardiendo." Daniel 3: 6*

A pesar de todo existió un remanente que permaneció fiel, de hecho, fueron solo tres. Los judíos de la época eran muchos, pero de ellos solo tres fueron fieles y a todas luces esto fue un zarandeo o apostasía dentro de los que se decían ser hijos de Dios.

Algo que es de resaltar también es que los que denunciaron a los que no se inclinaron ante la estatua fueron los líderes religiosos de Babilonia.

*"Por esto en aquel tiempo algunos varones caldeos vinieron y acusaron maliciosamente a los judíos."* Daniel 3:8

La bestia o Nabucodonosor (porque en eso él termina convirtiéndose en el capítulo 4) cuando recibe el informe de desobediencia de los muchachos se enoja y manda que el horno en que van a ser echados ellos sea calentado 7 veces más y esto nos sugiere que la prueba o tiempo de aflicción seria total o pleno. Notemos los siguientes textos.

*"Entonces Nabucodonosor se llenó de ira, y se mudó el aspecto de su rostro contra Sadrac, Mesac y Abed-nego, y ordenó que el horno se calentase siete veces más de lo acostumbrado."* Daniel 3:19

*"Entonces el dragón se llenó de ira contra la mujer; y se fue a hacer guerra contra la mujer, y se fue a hacer guerra contra el resto de la descendencia de ella, los que* **guardan los mandamientos de Dios** *y tienen el testimonio de Jesucristo."* Apocalipsis 12:17

Ahora bien, la respuesta de los muchachos al rey fue:

*"Sadrac, Mesac y Abed-nego respondieron al rey Nabucodonosor, diciendo: No es necesario que te respondamos sobre este asunto. He aquí nuestro Dios a quien servimos puede librarnos del horno de fuego*

*ardiendo, y de tu mano nos librará. Y si no, sepas, oh rey, que no serviremos a tus dioses, ni tampoco adoraremos la estatua que has hecho."* Daniel 3:16-18

Esto nos trae a la mente Job 13:15 que dice:

*"He aquí, aunque él me matare, en él esperaré; no obstante, defenderé delante de él mis caminos."* Job 13:15

¿Qué haríamos si el fuésemos sometidos a una prueba como la de estos muchachos o la de Job? ¿Seguiríamos sirviendo al Señor? El horno simboliza la aflicción que pasan los hijos de Dios para purificar sus vidas. En Isaías 48:9 encontramos.

*"He aquí te he purificado, y no como a plata, te he escogido en horno de aflicción."* Isaías 48:9

En el tiempo de angustia final lo hijos de Dios se enfrentarán el dilema de perder todo si no se someten a los requerimientos del sistema y solo unos pocos podrán soportar la prueba. Por eso es mejor vivir lo más modesto posible para no aferrarnos a los bienes de este mundo. Una cosa que nos deja este relato bien claro es que el carácter no se desarrolla en la crisis, solo se exhibe en ella pues en Daniel 1 vimos como estos muchachos en cosas aparentemente intranscendentes como la comida se mantuvieron firmes.

A pesar de lo admirable que fueron estos hombres, el héroe de esta historia es Cristo que fue el que los rescató en pleno tiempo de angustia. Pero ¿Por qué decimos que Cristo es el personaje en esta historia? Leamos el siguiente texto.

*"Entonces estos varones fueron atados con sus mantos, sus calzas, sus turbantes, y sus vestidos, y fueron echados dentro de un horno de*

*fuego ardiendo. Y como la orden del rey era apremiante y lo habían calentado mucho la llama del fuego mató a aquellos que habían alzado a Sadrac, Mesac y Abed-nego. Y estos tres varones, Sadrac, Mesac y Abed-nego, cayeron atados dentro del horno de fuego ardiendo. Entonces Nabucodonosor se espantó y se levantó apresuradamente y dijo a los de su consejo: ¿No echaron a tres varones atados dentro del fuego? Ellos respondieron al rey: Es verdad, oh rey. Y él dijo: He aquí yo veo cuatro varones, que se pasean en medio del fuego sin sufrir ningún daño; y el aspecto del cuarto es semejante a hijo de dioses."* Daniel 3:21-25

Una mejor traducción para hijo de dioses es *Uno semejante al hijo de Dios* y es de entender, entonces, que el testimonio que recibió el rey de los muchachos en algún momento respecto al Mesías venidero fue contundente. Hijo de Dios es un título dado a Cristo a lo largo de todo el Nuevo Testamento.

La mayoría de las iglesias hoy dicen que las iglesias no van a pasar por la tribulación ya que la iglesia será raptada secretamente para ir al cielo, sin embargo, Daniel hablando del gran tiempo de angustia final dice:

*"En aquel tiempo se levantará Miguel, el gran príncipe que está de parte de los hijos de tu pueblo; y será tiempo de angustia, cual nunca fue desde que hubo gente hasta entonces, pero en aquel tiempo será libertado tu pueblo, todos los que se hallen escritos en el libro."* Daniel 12:1

Definitivamente la iglesia pasará por un tiempo de angustia antes de la segunda venida de Cristo.

Ahora concentrémonos en la aplicación del relato.

El gran poder que gobernará al mundo se llama en Apocalipsis, Babilonia. Veamos Apocalipsis 17:5.

*"Y en su frente un nombre escrito, un misterio: BABILONIA LA GRANDE, LA MADRE DE LAS RAMERAS Y DE LAS ABOBINACIONES DE LA TIERRA." Apocalipsis 17:5*

La mayoría del pueblo de Dios se encuentra cautivo en Babilonia y de allí debe salir.

*"Después de esto vi a otro ángel descender del cielo con gran poder, y la tierra fue iluminada con su gloria. Y clamó con voz potente, diciendo: Ha caído, ha caído la gran Babilonia, y se ha hecho habitación de demonios y guarida de todo espíritu inmundo, y albergue de toda ave inmunda y aborrecible." Apocalipsis 18:1,2*

Al igual que en Daniel 4 también existe una bestia que se describe en Apocalipsis 13:1-2. Notemos el siguiente relato.

*"Me paré sobre la arena del mar, y vi subir del mar una bestia que tenía siete cabezas y diez cuernos; y en sus cuernos diez diademas, y sobre sus cabezas, un nombre blasfemo. Y la bestia que vi era semejante a un leopardo, y sus pies como de oso, y su boca como boca de león. Y el dragón le dio su poder y su trono y grande autoridad." Apocalipsis 13:1,2*

Esta bestia exige adoración según Apocalipsis 13:8

*"Y la adoraron todos los moradores de la tierra cuyos nombres no estaban escritos en el libro de la vida del Cordero que fue inmolado desde el principio del mundo." Apocalipsis 13:8*

Esta bestia también tiene una imagen.

*"Después vi otra bestia que subía de la tierra, y tenía dos cuernos semejantes a los de un cordero, pero hablaba como dragón. Y ejerce toda la autoridad de la primera bestia en presencia de ella, y hace que la tierra y los moradores de ella adoren a la primera bestia, cuya herida mortal fue sanada. También hace grandes señales, de tal manera que aun hace descender fuego del cielo a la tierra delante de los hombres. Y engaña a los moradores de la tierra con las señales que se le ha permitido hacer en presencia de la bestia, mandando a los moradores de la tierra que le hagan imagen a la bestia que tiene la herida de espada y vivió."* Apocalipsis 13:11-14

Esta imagen tiene también algo que ver relacionado con la adoración del sol. La imagen de la bestia tiene que ver con el día domingo que es el día del dios sol. Leamos las siguientes citas.

*"El día del Señor, el día de la Resurrección, el día de los cristianos, es nuestro día. Por eso es llamado día del Señor: porque es en este día cuando el Señor subió victorioso junto al Padre. Si los paganos lo llaman día del sol, también lo hacemos con gusto; porque hoy ha aparecido el sol de justicia cuyos rayos traen la salvación."* (San Jerónimo, In die Dominica Paschae homilía). Catecismo de la Iglesia Católica, numeral 1166

*"El domingo es nuestra **marca** de autoridad.... La iglesia está por encima de la Biblia y este cambio de la observancia del sábado es una prueba de tal hecho."* The Catholic Record, Septiembre 1 de 1923. Publicado en Londres y Ontario, Canadá.

*"Siendo que el sábado y no el domingo se especifica en la Biblia, ¿no es curioso que los que no son católicos, quienes profesan tomar su religión directamente de la Biblia y no de la iglesia, observen el domingo en vez del sábado? Sí, claro que es inconsciente; pero este cambio se*

hizo unos 15 siglos antes que naciera el Protestantismo, y para ese tiempo la costumbre se observaba ya universalmente. Ellos (los protestantes) han continuado la costumbre aún cuando descansa sobre la autoridad de la Iglesia Católica y no sobre un texto explícito de la Biblia. Dicha observancia permanece como un recordatorio de la **iglesia madre** de donde se separaron las sectas no católicas. Es como un niño que se fuga de su casa pero aún lleva, en el bolsillo, una foto de su **madre** o una trenza de su cabello." John A O´Brien, The Faith of Millions (Londres: W.H. Allen, 1958, first cheap edition), pp 543, 544.

Mientras tanto la marca de los hijos de Dios siempre ha sido el sábado, según lo podemos comprobar en los siguientes pasajes.

"$_{16}$Guardarán, pues, el día de reposo los hijos de Israel, celebrándolo por sus generaciones por pacto perpetuo. $_{17}$ Señal es entre mí y los hijos de Israel; porque en seis días hizo Jehová los cielos y la tierra, y en el séptimo día cesó y reposó." Éxodo 31:16,17.

Muchos utilizan el texto anterior para decir que el sábado es solo para los judíos, sin embargo, el verdadero judío es el que acepta a Cristo en su corazón y no el que practica la religión judía, tal cual lo dice Romanos 2:28,29.

"$_{28}$Pues no es judío el que lo es exteriormente, ni es la circuncisión la que se hace en la carne, $_{29}$ sino que es judío el que lo es en lo interior, y la circuncisión es la del corazón, en espíritu, no en letra, la alabanza del cual no viene de los hombres, sino de Dios." Romanos 2:28,29

Para ver más detalle sobre el mandamiento del sábado y la forma en que la observancia del domingo entró en el cristianismo puedes recurrir al primer libro de esta serie llamado "Dos verdades ocultas bajo el polvo de la indiferencia".

El punto de quiebre en el fin de los tiempos está relacionado con la adoración.

*"₆Vi volar por en medio del cielo a otro ángel, que tenía el **evangelio eterno** para predicarlo a los moradores de la tierra, a toda nación, tribu, lengua y pueblo, ₇ diciendo a gran voz: Temed a Dios, y **dadle gloria**, porque la hora de su juicio ha llegado; y **adorad** a aquel que hizo el cielo y la tierra, el mar y las fuentes de las aguas."* Apocalipsis 14:6,7

*"Y ejerce toda la autoridad de la primera bestia en presencia de ella, y hace que la tierra y los moradores de ella **adoren** a la primera bestia, cuya herida mortal fue sanada."* Apocalipsis 13:12

También es un conflicto que involucra la ley de Dios.

*"Aquí está la paciencia de los santos, los que **guardan los mandamientos de Dios** y tienen la fe de Jesús."* Apocalipsis 14:12.

La Babilonia simbólica igualmente une la iglesia con el estado.

*"Vino entonces uno de los siete ángeles que tenían las siete copas y habló conmigo diciéndome: ven acá, y te mostraré la sentencia contra la ramera, la que está sentada sobre muchas aguas. **Con la cual han fornicado los reyes de la tierra**, y los moradores de la tierra se han embriagado con el vino de su fornicación."* Apocalipsis 17:1,2

Pero al único al que se le debe unir y ser fiel el pueblo de Dios es al Señor.

*"Porque os celo con celo de Dios; pues os he desposado con un solo esposo, para presentaros como una virgen pura a Cristo."* 2 Corintios 11:2

*"Convertíos, hijos rebeldes, dice Jehová, porque yo soy vuestro esposo; y os tomaré uno de cada ciudad, y dos de cada familia, y os introduciré en Sión."* Jeremías 3:14

Sobre la infidelidad de Israel en la antigüedad, dijo el Señor:

*"30¡Cuán inconstante es tu corazón, dice Jehová el Señor, habiendo hecho todas estas cosas, obras de una ramera desvergonzada. 31 edificando tus lugares altos en toda cabeza de camino, y haciendo tus altares en todas las plazas! Y no fuiste semejante a ramera, en que menospreciaste la paga. 33 A todas las rameras les dan dones; mas tú diste tus dones a todos tus enamorados; y les diste presentes, para que de todas partes se llegasen a ti en tus fornicaciones. 35 Por lo tanto, ramera, oye palabra de Jehová."* Ezequiel 16:30,31,33,35

El decreto de adorar a la bestia de Apocalipsis 13 asimismo es universal.

*"Vi una de sus cabezas como herida de muerte, pero su herida mortal fue sanada, y se maravilló toda la tierra en pos de la bestia, y adoraron al dragón que había dado autoridad a la bestia, y adoraron a la bestia diciendo: ¿Quién como la bestia, y quién podrá luchar contra ella?"* Apocalipsis 13:3,4

Se dará un decreto contra lo hijos de Dios.

*"Y se le permitió infundir aliento a la imagen de la bestia, para que la imagen hablase e hiciese matar a todo el que no la adorase."* Apocalipsis 13:15

*"Vi la mujer ebria de la sangre de los santos, y de la sangre de los mártires de Jesús; y cuando la vi, quedé asombrado con gran asombro."* Apocalipsis 17:6

Y como en antaño también va a haber un remanente.

*"Entonces el dragón se llenó de ira contra la mujer; y se fue a hacer guerra contra la mujer, y se fue a hacer guerra contra el resto de la descendencia de ella, los que guardan los mandamientos de Dios y tienen el testimonio de Jesucristo."* Apocalipsis 12:17

Los hijos de Dios se deben preparar antes del tiempo de angustia. Daniel y sus amigos tuvieron su primera prueba cuando llegaron a Babilonia y en esa prueba no estaba en riesgo sus vida, sin embargo, decidieron permanecer fieles.

*"Y su señor le dijo: Bien, buen siervo y fiel, sobre poco has sido fiel, sobre mucho te pondré, entra en el gozo de su señor."* Mateo 25:21

Resumiendo, podemos decir que el 666 tiene que ver con la adoración falsa y, tal como sucedió en la época del relato del horno ardiente, pronto el mundo deberá elegir entre adorar a Dios en la forma en que él ordenó o adorar a Dios en la forma en que el mundo eligió. Recordemos que esa forma de adorar que Dios requiere es parte de los 10 mandamientos y que estos son inmutables.

## La Babilonia moderna y el 666

Hay sobre la tierra un poder que además de religioso es político. Este poder es grandemente admirado y respetado por los gobernantes y poderosos de este mundo y lo que este poder diga es altamente estimado. Todos los líderes mundiales de gran importancia, incluyendo los altos líderes de todas las religiones, han pasado por sus instalaciones, que dicho sea de paso son altamente conocidas por todos debido a lo ostentosas y maravillosas que son. En cierta forma esa institución otorga poder a todos los que se le puedan acercar ya que influye sobre una multitud de personas que viven en este planeta.

Este poder es un poder muy antiguo y de enorme riqueza que alguna vez gobernó a su antojo sin que nadie osara oponérsele. Este periodo de gobernanza absoluta fue tan fatal que históricamente se le conoce como el oscurantismo ya que nadie podía pensar diferente a ellos y el que lo hiciera era quemado vivo o torturado de diversas y sádicas maneras y a pesar de que ahora su poder está parcialmente controlado las profecías nos muestran que en un futuro cercano lo volverá a recuperar en forma exponencial.

Los libros de Daniel y Apocalipsis tienen capítulos paralelos entre ellos y entre sí mismos, por ejemplo, Daniel 2 y Daniel 7 son capítulos paralelos, pero Daniel 7 es paralelo también a Apocalipsis 13.

En Daniel 7 los imperios van desde Babilonia hasta la Roma papal y se representan con las siguientes bestias: El **león** es Babilonia, el **oso** es Medopersia, el **leopardo** es Grecia, el Impero Romano es una bestia tipo **dragón**, Roma dividida los diez cuernos del dragón y el cuerno pequeño del dragón es Roma papal.

Estas mismas bestias están agrupadas en Apocalipsis 13 en una sola bestia y se mencionan en orden inverso ya que Juan está viendo la sucesión de los imperios desde su presente hacía el pasado.

*"Me paré sobre la arena del mar, y vi subir del mar una bestia que tenía siete cabezas y diez cuernos; y en sus cuernos diez diademas; y sobre sus cabezas, un nombre blasfemo.[2] Y la bestia que vi era semejante a un **leopardo**, y sus pies como de **oso**, y su boca como boca de **león**. Y el dragón le dio su poder y su trono, y grande autoridad." Apocalipsis 13:1,2*

El hecho de que esta bestia tenga partes de las bestias de Daniel 7 nos dice que este imperio tiene características de la forma de ser de esos imperios que la precedieron, entre ellas el paganismo de sus religiones. Además, esta bestia recibe el poder del dragón que según vemos en el siguiente texto representa a Satanás.

*"Y fue lanzado fuera el gran dragón, la serpiente antigua, que se llama diablo y Satanás, el cual engaña al mundo entero; fue arrojado a la tierra, y sus ángeles fueron arrojados con él."* Apocalipsis 12:9

Gracias a que Apocalipsis 17 es asimismo un capítulo paralelo de Apocalipsis 13 sabemos que las siete cabezas de la bestia son los imperios que gobernarían desde Babilonia hasta la venida de Cristo. La misma bestia se describe en Apocalipsis 17 de la siguiente forma:

*"Y me llevó en el Espíritu al desierto; y vi a una mujer sentada sobre una bestia escarlata llena de nombres de blasfemia, que tenía siete cabezas y diez cuernos.[9] Esto, para la mente que tenga sabiduría: Las siete cabezas son siete montes, sobre los cuales se sienta la mujer,[10] y son siete reyes. Cinco de ellos han caído; uno es, y el otro aún no ha venido; y cuando venga, es necesario que dure breve tiempo."* Apocalipsis 17:3,9,10

Como podemos notar las siete cabezas son siete montes y a la vez son siete reyes. Un monte en profecía simboliza un reino y como vamos a ver en el análisis de Daniel 7 los términos reyes y reinos son intercambiables y esto quiere decir que las siete cabezas en realidad son reinos que gobiernan uno a la vez. En el caso de la bestia de Apocalipsis 13, el reino o la cabeza al que se está haciendo mención en ese momento, por ser la que está activa, tiene una herida que en apariencia es mortal, sin embargo, de ella se va a recuperar.

*Vi una de sus cabezas como herida de muerte, pero su herida mortal fue sanada; y se maravilló toda la tierra en pos de la bestia,[4] y adoraron al dragón que había dado autoridad a la bestia, y adoraron a la bestia, diciendo: ¿Quién como la bestia, y quién podrá luchar contra ella? Apocalipsis 13:3,4*

Los siguientes textos nos descifran el símbolo de cabeza:

*"Y donde quiera que habitan los hijos de los hombres; bestias del campo y aves del cielo, él los ha entregado en tu mano, y te ha dado el dominio, sobre todo; tú eres esa cabeza de oro." Daniel 2:38*

*"Porque la cabeza de Siria es Damasco, y la cabeza de Damasco Rezín; y dentro de sesenta y cinco años Efraín será quebrantado hasta dejar de ser pueblo. Y la cabeza de Efraín es Samaria; y la cabeza de Samaria el hijo de Remalías. Si vosotros no creyereis; de cierto no permaneceréis." Isaías 7:8,9*

Y los versículos que a continuación se detallan nos deja en claro que monte y reino son los mismo.

*"Y pagaré a Babilonia y a todos los moradores de Caldea, todo el mal que ellos hicieron en Sion delante de vuestros ojos, dice Jehová. He aquí yo estoy contra ti, oh monte destruidor, dice Jehová, que destruiste toda la tierra; y extenderé mi mano contra ti, y te haré rodar de las peñas; y te reduciré a monte quemado." Jeremías 51:24,25*

*"Entonces fueron desmenuzados también el hierro, el barro cocido, el bronce, la plata y el oro, y fueron con el tamo de las eras del verano, y se los llevó el viento sin que de ellos quedara rastro alguno. Mas la piedra que hirió a la imagen fue hecha un gran monte que llenó toda la tierra." Daniel 2:35*

La mujer de Apocalipsis 17 es la misma entidad de Apocalipsis 13 y sabemos que es una iglesia ya que una mujer en profecía representa eso mismo. Esta mujer es representada cabalgando la bestia ya que es ella quien en ese momento acaba de dejar de gobernar, pero solo por un breve tiempo. En el caso de la iglesia verdadera, el símbolo es una mujer virgen, vestida de blanco y apartada para su esposo.

*"Porque os celo con celo de Dios; pues os he desposado con un solo esposo, para presentaros como una virgen pura a Cristo."* 2 Corintios 11:2

De la iglesia del Antiguo Testamento, Israel, se dice:

*"Convertíos, hijos rebeldes, dice Jehová, porque yo soy vuestro esposo; y os tomaré uno de cada ciudad, y dos de cada familia, y os introduciré en Sión."* Jeremías 3:14

Sin embargo, la mujer de Apocalipsis 17 es una prostituta ya que en un momento dado dejó a su esposo, el Señor, y se fue tras sus amantes, los reyes de la tierra. En otras palabras, esta iglesia mezcló la religión con el estado en busca de las riquezas mundanales y esto es algo que Cristo mismo sancionó.

*"Vino entonces uno de los siete ángeles que tenían las siete copas, y habló conmigo diciéndome: Ven acá, y te mostraré la sentencia contra la gran ramera, la que está sentada sobre muchas aguas;*[2] **con la cual han fornicado los reyes de la tierra**, *y los moradores de la tierra se han embriagado con el vino de su fornicación. Apocalipsis 17:1,2*

*"Entonces se fueron los fariseos y consultaron cómo sorprenderle en alguna palabra.*[16] *Y le enviaron los discípulos de ellos con los herodianos, diciendo: Maestro, sabemos que eres amante de la verdad, y que enseñas con verdad el camino de Dios, y que no te cuidas de nadie,*

*porque no miras la apariencia de los hombres.[17] Dinos, pues, qué te parece: ¿Es lícito dar tributo a César, o no?[18] Pero Jesús, conociendo la malicia de ellos, les dijo: ¿Por qué me tentáis, hipócritas?[19] Mostradme la moneda del tributo. Y ellos le presentaron un denario.[20] Entonces les dijo: ¿De quién es esta imagen, y la inscripción?[21] Le dijeron: De César. Y les dijo: Dad, pues, a César lo que es de César, y a Dios lo que es de Dios."* Mateo 22:15-21

Y es obvio que la Iglesia Católica aceptó la oferta que Cristo rechazó:

*"Respondió Jesús: Mi reino no es de este mundo; si mi reino fuera de este mundo, mis servidores pelearían para que yo no fuera entregado a los judíos; pero mi reino no es de aquí."* Juan 18:36

Otra cosa que delata a esta entidad es que literalmente su cede, Roma, es conocida como la ciudad de las siete colinas pues siete son los montes que la rodean: Aventino, Palatino, Celio, Esquilino, Capitolio, Quirinalis y Viminalis. El esplendor, la riqueza y los colores que usan los que la dirigen también son descritos en los siguientes versículos.

*"Y la mujer estaba vestida de púrpura y escarlata, y adornada de oro, de piedras preciosas y de perlas, y tenía en la mano un cáliz de oro lleno de abominaciones y de la inmundicia de su fornicación;[5] y en su frente un nombre escrito, un misterio: <u>BABILONIA</u> LA GRANDE, LA MADRE DE LAS RAMERAS Y DE LAS ABOMINACIONES DE LA TIERRA."* Apocalipsis 17:4,5

Y aquí es donde nos damos cuenta quién es realmente la Babilonia del tiempo del fin que está relacionada, como se aprecia en Apocalipsis 13, con el número 666.

Históricamente es conocido que el papado tuvo un periodo de supremacía que duró exactamente 1260 años que va desde el año 538 hasta el año 1798 cuando Napoleón Bonaparte toma el Vaticano y el Papa Pio VI es capturado. Este periodo de tiempo es representado en Apocalipsis con 42 meses. En profecía, como se detallará en la explicación de Daniel capítulo 9, un día equivale a un año y un mes bíblico tiene 30 días y, por lo tanto, los 42 meses coinciden espectacularmente con el periodo de supremacía papal. Sin embargo, de esa herida que recibió en 1798 se va a recuperar.

*"Vi una de sus cabezas como herida de muerte, pero su herida mortal fue sanada; y **se maravilló toda la tierra en pos de la bestia**,[4] y adoraron al dragón que había dado autoridad a la bestia, y adoraron a la bestia, diciendo: ¿Quién como la bestia, y quién podrá luchar contra ella?[5] También se le dio boca que hablaba grandes cosas y blasfemias; y se le dio autoridad para actuar cuarenta y dos meses.[6] Y abrió su boca en blasfemias contra Dios, para blasfemar de su nombre, de su tabernáculo, y de los que moran en el cielo.[7] Y se le permitió hacer guerra contra los santos, y vencerlos. También se le dio autoridad sobre toda tribu, pueblo, lengua y nación.[8] Y la adoraron **todos los moradores de la tierra cuyos nombres no estaban escritos en el libro de la vida** del Cordero que fue inmolado desde el principio del mundo."*
Apocalipsis 13:3-8

Es interesante que el lenguaje que utiliza Apocalipsis 17 para describir la bestia sobre la que monta la mujer es el mismo que se utiliza para describir a la bestia de Apocalipsis 13, lo que nos vuelve a confirmar de que se trata de la misma entidad.

*"La bestia que has visto, era, y no es; y está para subir del abismo e ir a perdición; y los **moradores de la tierra, aquellos cuyos nombres no están escritos desde la fundación del mundo en el libro de la vida**,*

se ***asombrarán viendo la bestia*** *que era y no es, y será."* Apocalipsis 17:8

*"Vi una de sus cabezas como herida de muerte, pero su herida mortal fue sanada; y se **maravilló toda la tierra** en pos de la bestia, Y la adoraron todos los moradores de la tierra cuyos nombres **no estaban escritos en el libro de la vida** del Cordero que fue inmolado desde el principio del mundo."* Apocalipsis 13:3,8

Y esto de que la bestia *"era y no es; y está para subir del abismo"* termina de ratificar que la recuperación de la herida mortal de la bestia va a ser total y otro dato interesante que se desprende de Apocalipsis 17:8 es que proféticamente hablando Juan en esta profecía se halla en el sexto imperio, que es Estados Unidos de Norteamérica como comprobaremos en unos instantes. En Apocalipsis 17:11 se vuelve a mencionar, pero de manera diferente, la sanación de la herida mortal y además se añade que al final será destruida pues este imperio estará presente hasta que Cristo venga.

*"La bestia que era, y no es, es también el octavo; y es de entre los siete, y va a la perdición."* Apocalipsis 17:11

Vamos a tratar de entender de que se tratan las blasfemias que profiere la bestia, según Apocalipsis 13:5,6.

*"También se le dio boca que **hablaba grandes cosas y blasfemias**; y se le dio autoridad para actuar cuarenta y dos meses.*[6] *Y **abrió su boca en blasfemias contra Dios, para blasfemar de su nombre, de su tabernáculo, y de los que moran en el cielo**."* Apocalipsis 13:5,6

A Jesús se le acusó en diversas ocasiones de blasfemo, entonces, veamos que es una blasfemia de acuerdo al concepto bíblico. Por supuesto, a Cristo en su condición de Dios y redentor no le cabían las acusaciones que se le hacían.

*"Estaban allí sentados algunos de los escribas, los cuales cavilaban en sus corazones:[7] ¿Por qué habla éste así? Blasfemias dice. ¿Quién puede perdonar pecados, sino sólo Dios?"* Marcos 2:6,7

Solo Dios puede perdonar pecados, sin embargo, este sistema creó el servicio confesional con el fin de espiar a las personas hacia el año 1215 con la excusa de que la iglesia tiene la facultad para perdonar pecados y para ello presentan una serie de argumentos, incluso bíblicos, sacados de contexto.

*"Por voluntad de Cristo, la Iglesia posee el poder de perdonar los pecados de los bautizados y ella lo ejerce de forma habitual en el sacramento de la penitencia por medio de los obispos y de los presbíteros."* Catecismo de la Iglesia Católica, numeral 986

En otra ocasión a Jesús se le acusó también de blasfemia por hacerse pasar por Dios, según los judíos.

*"Entonces los judíos volvieron a tomar piedras para apedrearle.[32] Jesús les respondió: Muchas buenas obras os he mostrado de mi Padre; ¿por cuál de ellas me apedreáis?[33] Le respondieron los judíos, diciendo: Por buena obra no te apedreamos, sino por la blasfemia; porque tú, siendo hombre, te haces Dios."* Juan 10:31-33

Ya solo el hecho de que el sistema papal se atreva a perdonar pecados es una forma de hacerse pasar por Dios, sin embargo, este sistema también ocupa el lugar que fue asignado al Espíritu Santo pues se autoproclama como el representante de Dios en la tierra y para ello utiliza un título que dice: "Representante del Hijo de Dios". Este título o nombre es como dice Apocalipsis 13:6 *"Blasfemar de su nombre"* y cabe notar que el 666 está en el *"número de su nombre"* y, por lo tanto, el número tiene que aparecer en el nombre mismo que tiene el sistema en su lengua oficial que es el latín: VICARIVS FILII DEI (Representante del Hijo de Dios). Recordemos ante todo que ciertas letras latinas tienen valor numérico, de manera que si contamos el valor numérico del nombre nos debe dar como resultado el número 666.

Sin embargo, sorprende que uno más de sus títulos "DVX CLERI" que significa "jefe del clero" también suma 666 y a esto hay que agregarle que el sistema de numeración romano, sin los agregados modernos, igualmente suma 666.

| | | | | Numeración romana original | |
|---|---|---|---|---|---|
| V | 5 | D | 500 | | |
| I | 1 | V | 5 | I | 1 |
| C | 100 | X | 10 | V | 5 |
| A | 0 | | | X | 10 |
| R | 0 | C | 100 | L | 50 |
| I | 1 | L | 50 | C | 100 |
| V | 5 | E | 0 | D | 500 |
| S | 0 | R | 0 | | |
| | | I | 1 | | 666 |
| F | 0 | | 666 | | |
| I | 1 | | | | |
| L | 50 | | | | |
| I | 1 | | | | |
| I | 1 | | | | |
| D | 500 | | | | |
| E | 0 | | | | |
| I | 1 | | | | |
| | 666 | | | | |

"Y que ninguno pudiese comprar ni vender, sino el que tuviese la marca o el nombre de la bestia, o el número de su nombre. Aquí hay sabiduría. El que tiene entendimiento, cuente el número de la bestia, pues es número de hombre. Y su número es seiscientos sesenta y seis." Apocalipsis 13:17,18

En la segunda parte de Apocalipsis 13 aparece otra bestia que, como dijimos, corresponde al sexto reino de Apocalipsis 17. Si notamos, tanto la primera Bestia de Apocalipsis 13, como las Bestias de Daniel 7, suben o surgen del mar y el mar, o las aguas, representan pueblos, muchedumbres, naciones y lenguas (Apocalipsis 17:15, Isaías 17:12). Pero en este caso la segunda Bestia surge de la tierra, o sea que hay ausencia de aguas o muchedumbres. Esta segunda bestia surge en un lugar grandemente despoblado y aparece exactamente cuando la primera bestia recibe la herida mortal en el año 1798.

"$_{10}$Si alguno lleva en cautividad, va en cautividad; si alguno mata a espada, a espada debe ser muerto. Aquí está la paciencia y la fe de los santos. $_{11}$ **Después** (en otras palabras, **después** de que la primera bestia recibe la herida mortal) vi a otra bestia que subía de la tierra; y tenía dos cuernos semejantes a los de un cordero, pero hablaba como dragón." Apocalipsis 13:10-11 Nota: Paréntesis agregados con fines aclaratorios.

Es interesante ver como las fechas más importantes del surgimiento de Estados Unidos como nación, giran en torno al año 1798:

❖ 1776: Declaración de independencia de los Estados Unidos de Norteamérica.
❖ 1787: Se redacta la Constitución de Estados Unidos de Norteamérica.
❖ 1798: Francia es el primer país en el mundo en reconocer a Estados Unidos como nación.

Esta segunda bestia debe tener una influencia económica que permea al resto del mundo ya que en Apocalipsis 13:17 ella dicta quién puede comprar y quién puede vender. Además, tiene un poder político que controlará a las otras naciones, pues hace matar a todo aquel que no adora a la primera bestia (Apocalipsis 13:15). Por otro lado, hace una imagen, o un reflejo de la primera bestia y recordemos que la primera bestia es un poder político-religioso que pretende servir a Dios pero que en realidad se le opone y esto es algo que precisamente tendrá que hacer la segunda bestia. Esta segunda bestia también tiene apariencia de Cordero, que es un símbolo de Cristo, pero habla como dragón que es un símbolo de Satanás y esta es una imagen bastante certera de lo que es Estados Unidos.

El fuego (símbolo del Espíritu Santo) que esta segunda bestia hace descender del cielo es un falso reavivamiento del Espíritu que caracteriza a muchas religiones que se originaron en Estados Unidos que pretenden hacer milagros mientras por otro lado se niegan a aceptar la voluntad del Señor negando sus mandamientos. Es por eso que a este poder en otras partes de Apocalipsis se le conoce como el falso profeta.

*"Después vi otra bestia que subía de la tierra; y tenía dos cuernos semejantes a los de un cordero, pero hablaba como dragón.[12] Y ejerce toda la autoridad de la primera bestia en presencia de ella, y hace que la tierra y los moradores de ella adoren a la primera bestia, cuya herida mortal fue sanada.[13] También hace grandes señales, de tal manera que aun hace descender fuego del cielo a la tierra delante de los hombres.[14] Y engaña a los moradores de la tierra con las señales que se le ha permitido hacer en presencia de la bestia, mandando a los moradores de la tierra que le hagan imagen a la bestia que tiene la herida de espada, y vivió.[15] Y se le permitió infundir aliento a la imagen de la bestia, para que la imagen hablase e hiciese matar a todo el que no la adorase.[16] Y hacía que a todos, pequeños y grandes, ricos y pobres, libres y*

*esclavos, se les pusiese una marca en la mano derecha, o en la frente;[17] y que ninguno pudiese comprar ni vender, sino el que tuviese la marca o el nombre de la bestia, o el número de su nombre."*
*Apocalipsis 13:11-17*

Las iglesias protestantes de Estados Unidos, conforme pasa el tiempo, adquieren más influencia política y esto irá en aumento hasta que Estados Unidos de Norteamérica sea un reflejo de la Roma Papal. Los dos cuernos del cordero que son símbolo de ese poder político y religioso que ha caracterizado a los Estados Unidos, y que tradicionalmente han estado separados, se están uniendo por medio de una serie de iniciativas legales de muchos de sus líderes. El diario El País de España, el día 3 de febrero del 2017 saca un reportaje de Silvia Ayuso que se titula: *"Donald Trump quiere derribar una barrera entre iglesia y estado"* y en una de sus partes el artículo dice:

*"Donald Trump ha anunciado este jueves un nuevo desafío en su todavía corta pero ya agitada presidencia: acabar con uno de los pilares fundamentales que sustentan la estricta separación entre Iglesia y Estado en el país que dirige, la Enmienda Johnson. "Voy a librarme y voy a destruir completamente la Enmienda Johnson y voy a permitir que los representantes de la fe hablen de manera libre y sin miedo a represalias. Lo voy a hacer, recordadlo", dijo Trump este jueves durante el Desayuno Nacional de oración en Washington."*

Debido al liberalismo que ha permeado grandemente la sociedad en los últimos años las iglesias en Estados Unidos, en su mayoría conservadoras, están recientemente clamando para que haya una unión entre estado y religión para según ellos imponer las buenas costumbres, sin embargo, esa unión siempre ha sido una mala combinación, como lo demuestra la historia y todas esas sociedades en donde la línea entre política y fe no existe, como por ejemplo, los países musulmanes en donde las libertades son totalmente restringidas. Sobre las intenciones de las iglesias de Estados Unidos nos dice un artículo de DW del 20 de noviembre del 2020, titulado: "El poder de la fe - Iglesias evangélicas en EE.UU:

*"Los evangélicos <u>ejercen gran influencia en la política de Estados Unidos</u>. Los más integristas, condenan el estilo de vida liberal, enaltecen la nación, las armas y la tradición cristiana...En cuanto a temas como el aborto, el sexo prematrimonial y la homosexualidad difunden una actitud conservadora y hostil. Amenazan a los supuestos disidentes con el fuego del infierno. Y con milicias quieren defenderse de quienes aseguran sentirse amenazados: agnósticos, comunistas y musulmanes."*

Cuando se consolide la unión política y religiosa en Estados Unidos la segunda bestia le devolverá a la primera bestia la espada del poder civil que había perdido cuando recibió su herida mortal (Apocalipsis 13:12-14). Las iglesias protestantes se unirán a la Roma Papal en puntos de común acuerdo y se perseguirá a aquellos que simplemente protesten por esta alianza que terminará imponiendo una forma de adorar que va en contra de lo que Dios originalmente instituyó, y que marca o sella a los seguidores de Dios como su pueblo: La observancia del sábado (Éxodo 31:16,17, Ezequiel 20:20). El hecho de que la marca se pone en la frente y en la mano derecha significa que solo aquel que piense y actúe como el sistema es quien se podrá beneficiar de lo que normalmente conocemos como derechos fundamentales. Las leyes dominicales están volviendo al mundo con la excusa del cambio climático como bien lo detalla la encíclica papal LAUDATO SI y con la excusa del bien común se pisotearán las libertades esenciales en un futuro cercano. Para ahondar en la importancia del día de adoración, los diez mandamientos y la justificación por la fe se recomienda ver los temas completos en el libro "Dos verdades ocultas bajo el polvo de la indiferencia" que es el primer libro de esta serie.

*"Siendo que el sábado y no el domingo se especifica en la Biblia, ¿no es curioso que los que no son católicos, quienes profesan tomar su religión directamente de la Biblia y no de la iglesia, observen el domingo en vez del sábado? Sí, claro que es inconsciente; pero este cambio se hizo unos 15 siglos antes que naciera el Protestantismo, y para ese tiempo la costumbre se observaba ya universalmente. Ellos (los protestantes) han continuado la costumbre aún cuando descansa sobre la autoridad de la Iglesia Católica y no sobre un texto explícito de la Biblia. Dicha observancia permanece como un recordatorio de la **iglesia madre** de donde se separaron las sectas no católicas. Es como un niño que se fuga de su casa pero aún lleva, en el bolsillo, una foto de su **madre** o una trenza de su cabello."* John A O´Brien, The Faith of Millions (Londres: W.H. Allen, 1958, first cheap edition), pp 543, 544.

*"El domingo es nuestra **marca** de autoridad…. La iglesia está por encima de la Biblia y este cambio de la observancia del sábado es una prueba de tal hecho."* The Catholic Record, septiembre 1 de 1923. Publicado en Londres y Ontario, Canada.

Apocalipsis 17 habla de una secuencia de siete reinos que en total terminan siendo ocho porque uno de esos reinos, el sistema papal, repite. Hemos podido comprobar que el quinto de los reyes es el poder papal y que el sexto es Estados Unidos. Este capítulo, como sabemos, es paralelo a Daniel 2 y, por lo tanto, la secuencia de reinos iría de la siguiente manera: Babilonia, Medopersia, Grecia, Roma, Roma papal, Estados Unidos. Sobre el séptimo reino sabemos que son los diez cuernos de la bestia ya que ellos van a gobernar en conjunto con la bestia con el fin de hacer un gobierno transitorio entre la sexta y octava bestia. Estos reyes, dice Apocalipsis, pelearán contra el Cordero, o sea contra Cristo, mediante leyes arbitrarias que van en contra de la ley del Señor y su pueblo, pero en favor de la bestia.

*"Y los diez cuernos que has visto, son diez reyes, que aún no han recibido reino; pero por una hora recibirán autoridad como reyes juntamente con la bestia.[13] Estos <u>tienen un mismo propósito, y entregarán su poder y su autoridad a la bestia</u>.[14] Pelearán contra el Cordero, y el Cordero los vencerá, porque él es Señor de señores y Rey de reyes; y los que están con él son llamados y elegidos y fieles."* Apocalipsis 17:12-14

Estos diez reyes evocan los 10 imperios bárbaros de Daniel 2 que tuvieron como propósito darle el poder y la autoridad a la Iglesia Romana hace unos 1500 años y en realidad representan un Nuevo Orden mundial compuesto por gobernantes y poderosos de la tierra y no necesariamente son diez. Un artículo del Foro Económico Mundial del 21 de noviembre del 2016 titulado *"El dominio de Estados Unidos ha terminado. Para el 2030 tendremos un puñado de potencias mundiales"* dice:

*"En 2030, el panorama político mundial se verá muy diferente al actual. Los protagonistas seguirán siendo los Estados nación. No habrá una sola fuerza hegemónica, sino un puñado de países — entre los que destacan Estados Unidos, Rusia, China, Alemania, India y Japón— que presentarán tendencias semiimperiales. El poder se distribuirá más ampliamente a través de las redes no estatales, incluidas las regresivas. Y las grandes aglomeraciones de megaciudades y sus periferias ejercerán una influencia cada vez mayor. El*

*orden de la posguerra, que se mantuvo desde mediados del siglo XX, ha fracasado."*

Por su parte, el Washington Post del 25 de febrero del 2022, en la sección de Opinión titulado *"El asalto de Putin a Ucrania dará forma a un nuevo orden mundial"* y escrito por David Ignatius, dice:

*"Cuando el presidente ruso Vladímir Putin inició su invasión total a Ucrania el jueves 24 de febrero, le puso punto final a la era post-Guerra Fría. Ahora hay que construir una nueva arquitectura para las relaciones globales."*

Mientras tanto La Nueva Gaceta del 25 de marzo del 2022 en una noticia titulada *"Biden Advirtió de un cambio en el orden mundial"* Ledy Ponce recoge unas frases expresadas por Joe Biden que son muy significativas.

*"Joe Biden, presidente de Estados Unidos, anunció esta semana que el mundo experimentará el cambio en el orden mundial y que deben estar preparados para ello. Biden rememoró que entre 1900 y 1946, murieron alrededor de 60 millones de personas y desde entonces se estableció un "orden mundial liberal" y añadió que "mucha gente moría, pero ni de lejos (había) caos". "Y ahora es un momento en que las cosas están cambiando. Va a haber un nuevo orden mundial y tenemos que liderarlo. Y tenemos que unir al resto del mundo libre para hacerlo", señaló Biden. El Mandatario nunca señaló cuáles son los problemas que enfrenta el actual orden mundial y que podrían ser la causa de su caída, solo se refirió al conflicto entre Ucrania y Rusia y dijo que EEUU debe "hacer todo lo posible por apoyar a Ucrania".*

Estados Unidos seguirá siendo una potencia importante, pero convivirá y negociará con una serie de naciones que se han vuelto poderosas. Esta transición entre Estados Unidos y el Nuevo Orden Mundial, que solo gobernará por un breve tiempo, se acentuó con los últimos acontecimientos mundiales como los son el Covid19 y la invasión rusa a Ucrania.

Por primera vez desde los acuerdos de Bretton Woods (1944), en donde se estableció el dólar como única moneda para hacer las transacciones internacionales y en especial la compra de hidrocarburos, se han comenzado a realizar transacciones en diferentes tipos de monedas y esto está haciendo que la moneda estadounidense pierda importancia y se vea sumamente afectada ya que desde principios de los 70 Estados Unidos se apartó del respaldo del oro para hacer su dinero y eso ha hecho que la deuda de ese país sea inmanejable y que la inflación se dispare mientras que países como China, India y la propia Rusia han creado un bloque inmensamente rico que alberga a casi la mitad de la población del planeta.

A pesar de todo, el vaticano se extiende y acuerda con todos los bloques como si realmente fuera uno solo por medio de las sociedades secretas y los organismos internacionales. Según la agenda 2030 de las Naciones Unidas se está llegando a una forma de gobierno en la cual esos organismos serán los que impongan la agenda a los demás, tal cual sucedió durante la crisis del Covid19. Los gobiernos del mundo solo serán una ilusión para que los pueblos crean que todavía pueden elegir a sus gobernantes y sus destinos, pero en realidad la soberanía habrá desaparecido.

# *Daniel 5*

# La caída de la Babilonia literal

La historia del capítulo 5 de Daniel empieza relatando un gran banquete que mandó a hacer el rey Belsasar a mil de los principales funcionarios de su reino. Cuando Belsasar se emborrachó mandó a traer los vasos de oro y plata que pertenecieron al templo de Jerusalén que Nabucodonosor, su abuelo, había destruido varios años atrás. Mientras toda esta gente bebía y comía, apareció una mano en la pared que escribió algo que nadie entendió y, por su puesto, esa escena causó gran pánico entre los asistentes al banquete. La reacción de Belsasar ante semejante evento se describe de la siguiente manera.

*"Entonces el rey palideció, y sus pensamientos lo turbaron, y se debilitaron sus lomos, y sus rodillas daban la una contra la otra."*
*Daniel 5:6*

Sigue diciendo el relato que el rey grito fuertemente para que hicieran venir a todos los magos, caldeos y adivinos para que le revelaran lo que había sido escrito en la pared. El que pudiera descifrar el enigma iba a ser recompensado con un vestido púrpura, un collar de oro y sería el tercero de importancia en el reino. Por supuesto, ninguno de los que el rey mandó a llamar pudo interpretar la escritura ya que este era un mensaje del Señor.

En ese momento hicieron pasar a la sala del banquete a la reina madre que aconsejó, basada en su experiencia personal, que llamaran a Daniel quien ya anteriormente había podido interpretar los grandes enigmas que se le plantearon al rey Nabucodonosor y por esa recomendación se hace llamar a Daniel para que pueda dar la deseada interpretación. Daniel entra y el rey Belsasar le explica a Daniel lo que sucedió y que los magos, caldeos y adivinos no habían podido darle la interpretación y además de eso le ofrece a Daniel los dones que había planeado otorgar.

Daniel no le presta importancia a la recompensa que se le ofrece y de inmediato comienza a repasarle al rey la experiencia que había tenido el orgulloso rey Nabucodonosor y todo lo que su abuelo había tenido que pasar para que reconociera que Dios es el que tiene el dominio sobre todos los reinos de la tierra y que él, Belsasar, sabiendo todas esas cosas no había humillado su corazón sino que insolentemente había traído los vasos sagrados del Señor para usarlos en una orgía y que, además de eso, todos los presentes a ese evento se habían inclinado ante los dioses falsos que llevaron en esa oportunidad y, entonces, Daniel procede a decirle lo que significan las palabras que fueron sobrenaturalmente escritas. Daniel declara que Babilonia, a partir de ese momento, había sido otorgada al imperio medo-persa y precisamente esa misma noche murió Belsasar y el reino fue tomado por los medos y los persas.

En Daniel 2 ya se había anticipado la transición que habría entre la caída de Babilonia, que era la cabeza de oro de la estatua, y el levantamiento del imperio medo-persa, quien estaba representado por el pecho y los brazos de plata.

La caída de Babilonia es uno de los eventos más predichos en todo el Antiguo Testamento y muchas de las predicciones se dieron bastante tiempo antes de que Babilonia fuese una potencia a tomar en cuenta.

Por mucho tiempo se dudó de la veracidad del libro de Daniel ya que no había registro de ningún rey babilónico con el nombre de Belsasar, sin embargo, eso cambio el siglo pasado cuando se descubrió una antigua tablilla babilónica donde describía una tradición que había en aquella época de llamar rey al príncipe que el rey dejara a cargo de su reino en la capital cuando este, por motivos de guerra o cualquier otra circunstancia, se retiraba por un tiempo de la metrópoli principal. Esa es la razón por la cual Belsasar le ofreció el tercer puesto en el reino a cualquiera que interpretara la escritura de la pared.

El reino de Nabucodonosor duró alrededor de 40 años y después quien gobernó fue el rey Nabonido. El padre de Belsasar era precisamente Nabonido, yerno de Nabucodonosor, y al parecer a este soberano le importaba poco el reino y en cuanto su hijo Belsasar cumplió 15 años lo dejó a cargo de las cosas de la administración del reino en la capital y se retiró a Arabia, propiamente al Oasis de Taima a practicar de manera más libre el culto de Sin, dios de la luna, y del cual su madre fue sacerdotisa. Esta devoción que tenía el rey Nabonido por este ídolo rivalizaba con los dioses babilónicos y de ahí el alejamiento que tuvo el rey de la capital su reino y de los asuntos administrativos propios del imperio.

Es bien interesante notar que la media luna del islam procede de la adoración de ese antiguo dios lo cual nos indica que ese sistema, al igual que muchos sistemas cristianos, también es parte de la Babilonia simbólica de los últimos tiempos. Babilonia fue fundada en donde originalmente fue Babel que significa "confusión" y el término Babilonia en la actualidad abarca a todas aquellas religiones falsas que combinan la verdad con la mentira.

Para la época de Belsasar Daniel era un hombre viejo, pero al igual que Belsasar ocupó un puesto de gran importancia en Babilonia, sin embargo, hasta ahí llegaban las similitudes ya que Daniel en su época de juventud trató de poner a Dios primero en todo lo que hacía y hasta tuvo control de todo lo que comía y bebía mientras tanto Belsasar fue un joven que, tal y como vemos en la narración del capítulo 5, se dejaba llevar por los excesos.

La vida de los hijos de Dios al final de los tiempos será una vida equilibrada que contrastará con la vida de excesos de los que están en la Babilonia mística. Simbólicamente hablando, hay dos ciudades que representan dos sistemas de adoración, uno falso y otro verdadero de donde se puede deducir que solo hay dos iglesias, a pesar de que se perciban miles, una falsa y la otra verdadera porque al final solo hay dos señores, Cristo o Satanás. Babilonia es el sistema en donde vive el mundo y donde está la falsa religión, y Jerusalén representa el sistema que hace la voluntad de Dios, y esto es muy importante recordarlo pues se verá muy a menudo en las profecías. El sistema que representa al pueblo de Dios es simbolizado en Apocalipsis 12 con una mujer vestida del sol mientras que la iglesia falsa o babilónica es representada como una prostituta en Apocalipsis 17.

Al igual que cayó la Babilonia literal de los tiempos históricos un día también caerá la Babilonia simbólica de nuestros días, tal cual nos lo confirma el libro de Apocalipsis.

*"Otro ángel le siguió, diciendo: Ha caído, ha caído Babilonia, la gran ciudad, porque ha hecho beber a todas las naciones del vino del furor de su fornicación." Apocalipsis 14:8*

*"₁Después de esto vi a otro ángel descender del cielo con gran poder; y la tierra fue iluminada con su gloria. ₂ Y clamó con voz potente, diciendo: Ha caído, ha caído, la gran Babilonia, y se ha hecho habitación de demonios y guarida de todo espíritu inmundo, y albergue de toda ave inmunda y aborrecible." Apocalipsis 18:1,2*

En la antigüedad las grandes ciudades, como Babilonia, estaban totalmente amuralladas por lo que los ejércitos invasores lo que acostumbraban hacer era sitiar las ciudades por largo tiempo, incluso años, hasta que éstas quedarán sin ningún tipo de abastecimiento. Un ejemplo de la calamidad en la que vivía la gente que estaba en una ciudad sitiada lo encontramos en el asedio que realizaron los sirios al reino de Israel en la época del profeta Eliseo. Leamos 2 Reyes 6:24-30.

"$_{24}$Después de esto aconteció que Ben-adad rey de Siria reunió todo su ejército, y subió y sitió a Samaria. $_{25}$ Y hubo gran hambre en Samaria a consecuencia de aquel sitio, tanto que la cabeza de un asno se vendía por ochenta piezas de plata, y la cuarta parte de un cab de estiércol de palomas por cinco piezas de plata. $_{26}$ Y pasando el rey de Israel por el muro, una mujer le grito, y dijo: Salva, oh rey señor mío. $_{27}$ Y él dijo: Si no te salva Jehová ¿de dónde te puedo salvar yo? ¿Del granero, o del lagar? $_{28}$ Y le dijo el rey: ¿Qué tienes? Ella respondió: Esta mujer me dijo: Da acá tu hijo, y comámoslo hoy, y mañana comeremos el mío. $_{29}$ Cocimos, pues, a mi hijo, y lo comimos. El día siguiente yo le dije: Da acá tu hijo y comámoslo. Mas ella ha escondido a su hijo. $_{30}$ Cuando el rey oyó las palabras de aquella mujer, rasgó sus vestidos, y pasó así por el muro; y el pueblo vio el cilicio que traía interiormente sobre su cuerpo." 2 Reyes 6:24-30*

A pesar de que los medos y los persas ya habían reunido a un gran ejército para derrocar a Babilonia, los babilonios se sentían confiados por el abastecimiento de agua que recibían del rio Éufrates. Este abastecimiento de agua les permitiría a los Babilonios tener comida y agua por varios años, gracias también al sistema de jardines que los babilonios habían diseñado. Este rio pasaba por en medio de la ciudad, sin embargo, esa ventaja era también el único peligro potencial que había ya que el rio entraba y salía entre la gran muralla, pero esa amenaza era compensada por rejas de hierro que solo permitían que pasara el agua del río. Tan confiados estaban Belsasar y sus ministros que el día 11 de octubre del año 539 a.c hicieron una gran fiesta en honor al dios Tamuz y nunca pensaron que esa fuera a ser su última noche.

Belsasar, conocía al Dios de los hebreos, tal y como lo podemos comprobar en Daniel 5:22.

*"Y tú, su hijo Belsasar, no has humillado tu corazón, sabiendo todo esto." Daniel 5:22*

Es de suponer, entonces, que Belsasar escuchó la profecía del sueño de Nabucodonosor del capítulo 2 que vaticinaba la caída de Babilonia y por eso es que manda a traer los vasos sagrados que Nabucodonosor había saqueado del templo de Jerusalén, habiendo podido hacer lo mismo con los vasos que Babilonia había saqueado de cualquier otro reino. El mismo desprecio por las cosas sagradas que tuvo la Babilonia antigua lo tiene la Babilonia simbólica de la actualidad. La Babilonia actual, por ejemplo, desprecia el día que el Señor santificó o apartó para uso sagrado.

Es interesante destacar que en esos vasos Belsasar y su corte bebieron vino y alabaron a dioses que estaban hechos de seis materiales. En el capítulo tres vimos cómo antes de que se adorara a la imagen que mandó a hacer Nabucodonosor se tocaban precisamente seis tipos de instrumentos y en el capítulo 4 se menciona seis veces la palabra árbol, que era una representación de Nabucodonosor. Si juntamos estas tres menciones del número seis tenemos de nuevo el número 666 que es a su vez símbolo de esa trinidad satánica de Apocalipsis 16:13 que está conformada por la

Babilonia mística de los últimos tiempos que ya está en operación en el mundo.

El hecho de que los vasos fueron llenados con el vino de Babilonia nos recuerda a la ramera simbólica de Apocalipsis 17 que se llama también Babilonia y que tiene una copa de oro llena de abominaciones. Belsasar en su borrachera hizo cosas que no debía haber hecho y esa misma insensibilidad causada por el vino de las abominaciones de la Babilonia simbólica del presente hace que las personas no distingan las cosas sagradas de las profanas.

*"₄Y la mujer estaba vestida de púrpura y escarlata, y adornada de oro, de piedras preciosas y de perlas, y tenía en la mano un cáliz de oro lleno de abominaciones y de la inmundicia de su fornicación. ₅ y en su frente un nombre escrito, un misterio: BABILONIA LA GRANDE, LA MADRE DE LAS RAMERAS Y DE LAS ABOMINACIONES DE LA TIERRA." Apocalipsis 17:4,5*

Para saber que son abominaciones, según la Biblia, veamos los siguientes textos:

1.- Abominación es creer en la inmortalidad del alma y practicar la adivinación, cosas que están muy relacionadas.

*"Cuando entres a la tierra que Jehová tu Dios te da, no aprenderás a hacer según las abominaciones de aquellas naciones.[10]No sea hallado en ti quien haga pasar a su hijo o a su hija por el fuego, ni quien practique adivinación, ni agorero, ni sortílego, ni hechicero.[11]ni encantador, ni adivino, ni mago, ni quien consulte a los muertos.[12]Porque es abominación para con Jehová cualquiera que hace estas cosas, y por estas abominaciones Jehová tu Dios echa estas naciones de delante de ti." Deuteronomio 18:9-12*

2.- Abominación es creer que la ley de Dios ya es cosa del pasado y no tiene vigencia en la actualidad.

*"El que aparta su oído para no oír la ley, su oración también es abominable." Proverbios 28:9*

3.- Abominación es alimentarse de carnes y alimentos que Dios no mandó a comer.

*"Nada abominable comerás." Deuteronomio 14:3*

4.- Abominación es presentar adoración a Dios de una manera y en un día que Dios no estableció como su día sino en un día dedicado al dios sol, entre los paganos, para hacer una mezcla entre cristianismo y paganismo que agradara a todos.

*"₁₅Luego me dijo: ¿No ves, hijo de hombre? Vuélvete aún, verás abominaciones mayores que éstas ₁₆ Y me llevo al atrio de adentro de la casa de Jehová, y he aquí junto a la entrada del templo de Jehová, entre la entrada y el altar, como veinticinco varones, sus espaldas vueltas al templo de Jehová y sus rostros hacia el oriente, y adoraban al sol, postrándose hacia el oriente." Ezequiel 8:15,16*

5.- Abominación es derramar sangre, como lo hizo la Babilonia histórica y como lo ha hecho y hará la Babilonia de nuestros días.

*"Tú, hijo de hombre, ¿no juzgarás tú a la ciudad derramadora de sangre, y mostrarás todas sus abominaciones?" Ezequiel 22:2*

Esa misma noche de lujuria y fiesta en Babilonia los medo-persas desviaron el cauce del rio Éufrates y pudieron pasar a pie entre las rejas que protegían a Babilonia y así se cumplió la primera parte del sueño que tuvo Nabucodonosor.

La mano de Dios aparece varias veces escribiendo en la Biblia. La primera fue para escribir la ley que Belsasar había despreciado y la segunda para escribir la sentencia contra el reino de Belsasar. La tercera vez aparece Dios escribiendo en el suelo, en la persona de Jesucristo, dictando misericordia y, por último, Dios escribirá un nombre nuevo a todos aquellos que reciban la misericordia del Señor cuando sean redimidos. En otras palabras, la ley como pecadores nos condena, pero en Cristo encontramos la misericordia necesaria para llegar un día a ser parte de ese reino que no tiene fin.

Las palabras que la mano escribió en la pared eran arameas y, por supuesto, los sabios y astrólogos podían leerlas, pero no dar su interpretación y es increíble ver cómo es que es la tercera vez que llaman primero a los magos y astrólogos antes que a Daniel. Cuando estos funcionarios se declaran incompetentes para descifrar el enigma entonces aparece la reina madre, o sea Nitocris la madre de Belsasar, esposa de Nabonido e hija de Nabucodonosor, y es ella la que propone que se traiga a Daniel.

Las palabras escritas en la pared eran *Mene, Mene, Tekel, Uparsín* que literalmente significan: *Contado, contado, pesado, roto*. La interpretación que da Daniel a estas palabras son: *Contó Dios tu reino, pesado has sido en balanza y fuiste hallado falto, tu reino ha sido roto y dado a los medos y a los persas.*

Teniendo claro Daniel que esa noche iba a caer Babilonia, dice lo siguiente:

*"Entonces Daniel respondió y dijo delante del rey: Tus dones sean para ti, y da tus recompensas a otros. Leeré la escritura al rey, y le daré la interpretación." Daniel 5:17*

El profeta Isaías, quien vivió mucho tiempo antes que Nabucodonosor predijo muchas veces la caída de Babilonia antes que esta fuese un imperio mundial y asombrosamente menciona por nombre a Ciro quien fuera el rey persa que lideró la entrada a Babilonia y además la pieza clave para que los judíos volvieran a su tierra después de setenta años de cautiverio.

*"28Que dice de Ciro: Es mi pastor, y cumplirá todo lo que yo quiero, al decir a Jerusalén: Serás edificada; y al templo: serás fundado. 1 Así dice Jehová a su ungido, a Ciro, al cual tomé yo por su mano derecha para sujetar naciones delante de él y desatar lomos de reyes; para abrir delante de él puertas, y las puertas no se cerrarán. 2 Yo iré delante de ti, y enderezaré los lugares torcidos, quebrantaré puertas de bronce, y cerrojos de hierro haré pedazos; 3 te daré los tesoros escondidos, y los secretos muy guardados, para que sepas que yo soy Jehová, el Dios de Israel, que te pongo nombre. 4 Por amor de mi siervo Jacob, y de Israel mi escogido, te llamé por tu nombre, te puse sobrenombre, aunque no me conociste." Isaías 44:28 e Isaías 45:1-4*

Otros textos de Isaías son los siguientes.

*"Desciende y siéntate en el polvo, virgen hija de Babilonia. Siéntate en la tierra, sin trono, hija de los caldeos, porque nunca más te llamarán tierna y delicada." Isaías 47:1*

*"3Y en el día que Jehová te dé reposo de tu trabajo y de tu temor, y de la dura servidumbre en que te hicieron servir, 4 pronunciarás este proverbio contra el rey de Babilonia, y dirás: ¡Cómo paró el opresor, como acabó la ciudad codiciosa de oro!" Isaías 14:3,4*

Jeremías fue otro de los profetas que habló mucho de la caída de Babilonia e incluso predijo que solo iban a haber tres reyes en la época del mayor apogeo en Babilonia.

"$_6$ Y ahora yo he puesto todas estas tierras en mano de Nabucodonosor rey de Babilonia, mi siervo, y aun las bestias del campo le he dado para le sirvan. $_7$ Y todas las naciones le servirán a él, a su hijo, y al hijo de su hijo, hasta que venga también el tiempo de su misma tierra, y la reduzcan a servidumbre muchas naciones y grandes reyes." Jeremías 27:6,7

La caída de la Babilonia histórica es muy importante ya que la caída de la Babilonia de nuestros días será de la misma manera que la de la antigua.

## La caída de la Babilonia mística

Parte del amor que uno puede darle al prójimo es decirle la verdad tal cual está en la Biblia. El mensaje del Señor siempre ha sido difícil de asimilar y por eso nunca fue del agrado de la mayoría. Los grandes héroes de la fe fueron perseguidos y hasta aniquilados porque las multitudes odiaron el mensaje del Señor, sin embargo, los falsos profetas que solo de prosperidad hablaron eran queridos por todos. El rechazar el mensaje profético irremediablemente nos llevará a la perdición eterna. Algunas frases muy sabías que nos pueden ilustrar esto son:

"Jesús usaba palabras duras para realidades duras; esto es amar, lo contrario es consentimiento." John Piper

"La Biblia es el libro más ofensivo de la historia pues condena a todo el mundo. Si no puedes enseñarla con precisión, vete." John McArthur

*"Si Jesús hubiera predicado el mismo mensaje que muchos ministros predican hoy, nunca hubiera sido crucificado."* Leonard Ravenhill

Al estar estudiando los temas proféticos no debemos maquillar el mensaje para hacerle más fáciles las cosas a la gente. Recordemos que el camino a la perdición es ancho y super transitado en tanto que el camino que lleva a la salvación es angosto y por él solo pasan pocas personas.

*"Jesús nunca cambió el evangelio para adaptarlo a las personas. El cambió a las personas para que obedezcan a su evangelio."* Martin Loyd Jones

Para cualquier persona cristiana, que no sea católica, el tema de que Jesús es quien nos limpia de pecado y nos justifica es totalmente claro y esta verdad la podemos confirmar en múltiples pasajes, como en Isaías 53:11

*"Verá el fruto de la aflicción de su alma, y quedará satisfecho, por su conocimiento justificará mi siervo justo a muchos, y llevará la iniquidad de ellos."* Isaías 53:11

Sin embargo, esto que para muchos es una realidad absoluta, y que está más que claro en toda la Palabra de Dios, no es una verdad en la Iglesia Católica Romana. Una de las cosas que más llama la atención de primera entrada es la venta de indulgencias.

Por lo general se cree que una indulgencia es un perdón que extiende la Iglesia Católica pero en realidad las indulgencias tienen que ver con la omisión de los castigos que deben pasar todas las personas después de la muerte en un lugar que ellos llaman purgatorio aunque los pecados hayan sido perdonados, en otras palabras, el perdón solo garantiza que no se va a pasar eternamente en el infierno pero si existe la esperanza de que, una vez que se termine el castigo correspondiente a los pecados cometidos en vida se puede pasar al paraíso y las indulgencias pueden acelerar ese trance. El infierno, según el catolicismo, es un lugar de tormento eterno del que no se puede salir una vez que se llega allí.

*"Una indulgencia es una remisión extra-sacramental de la pena temporal debida -según la justicia de Dios- por el pecado que ha sido ya perdonado, remisión que es otorgada por la Iglesia en consecuencia del poder de las llaves, mediante la aplicación de los méritos sobreabundantes de Cristo y de los santos, y por justos motivos." ECWIKI Enciclopedia Católica online.*

*"La Indulgencia es la remisión de un castigo temporal debido al pecado ya perdonado en tanto que ofende a Dios. Recordémoslo: el perdón del pecado no suprime la necesidad de una reparación por parte del pecador (de la misma manera que un violador de un derecho humano puede recibir el perdón de la víctima sin dejar estar obligado a reparar el daño que ha causado). Como todas las madres, la Iglesia castiga corrigiendo, a la vez que perdona." ECWIKI Enciclopedia Católica online.*

*"Este perdón de las deudas no significa de ninguna manera una dispensa respecto de la ley divina de la penitencia. Por el contrario, la Iglesia condiciona la adquisición de una indulgencia plenaria y su aplicación, por el bautizado, a sí mismo o recurriendo a Dios, a un difunto, a través de las intenciones del papa y el recurso a los sacramentos en el contexto de una caridad pura que detesta todo pecado, incluso venial. Sólo aquellos que tienden a la perfección pueden, a través de la Indulgencia plenaria, apropiarse de los*

*méritos de Cristo y de su Iglesia. Los vivos sólo pueden beneficiarse plenamente del tesoro de la Iglesia si es que están dispuestos a acrecentarlo."* ECWIKI Enciclopedia Católica online.

*"Los tormentos de los condenados durarán por los siglos de los siglos."* ECWIKI Enciclopedia Católica online

Como pudimos ver en la definición de lo que era el Purgatorio, lo que saca a la gente que está en ese lugar son las buenas obras o méritos que hicieron tanto Cristo, como María y todos los que la iglesia ha declarado como santos y además de eso quien da esta gracia a los que permanecen en el Purgatorio es el Papa. Un tipo de indulgencia son las misas que por dinero se ofrecen a los difuntos.

*"Mediante las indulgencias, los fieles pueden alcanzar por sí mismos y también para las almas del Purgatorio la remisión de las penas temporales, consecuencia de los pecados."* Catecismo de la Iglesia Católica Numeral 1498

*"Las indulgencias conocidas como apostólicas (v. apostolicidad) son aquellas que el Romano Pontífice, el sucesor del Príncipe de los Apóstoles, le impone a las cruces, crucifijos, guirnaldas, rosarios, imágenes y medallas, las cuales él bendice, ya sea con su propia mano o a través de la de aquellos a quienes él ha delegado dicha facultad. Los principios establecidos en el artículo general sobre indulgencias aplican aquí también. Pero ya que estas indulgencias apostólicas están entre las más frecuentes y abundantes de aquellas en uso actualmente a través de la Iglesia, ellas parecen requerir un tratamiento separado y más detallado. Como el nombre implica, ellas son indulgencias concedidas por el Papa mismo.*

*Algunas de ellas son indulgencias plenarias y otras parciales."*
*ECWIKI Enciclopedia Católica online*

Para entender cómo la teología católica visualiza esto de que el Papa otorga mediante las indulgencias una reducción de la pena en el purgatorio debemos imaginarnos una caja llena de las buenas obras de los santos de la cual el Papa saca algunas para ofrecérselas a Dios para dispensar a todos aquellos que pueden pagar el servicio.

*"Entregando a Pedro y a sus sucesores las llaves del Reino de los Cielos, Cristo les entregó el tesoro de sus méritos y de los méritos de los santos que dependen de los suyos. Los papas pueden sacar de este tesoro para beneficiar a los miembros débiles de la Iglesia con los méritos superabundantes de los santos. Por el sacramento de la Reconciliación, la Iglesia perdona las faltas; mediante las indulgencias paga las deudas que resultan de las faltas."*
*ECWIKI Enciclopedia Católica online*

Como podemos ver, en la doctrina católica no se necesita ningún salvador ya que según su teología Cristo murió, pero no lo hizo por la humanidad. Lo que garantiza la salvación son las buenas obras que hizo Cristo, María y los llamados santos y por eso ellos consideran que la doctrina de la justificación por la fe de los protestantes es falsa. Sobre esto comenta el siguiente escritor católico.

*"La fijación de la iglesia en la muerte de Jesús como un acto de salvación debe parar y el lugar de la cruz debe ser reimaginado."*
*Allan Jones. Reimaginando la cristiandad*

Bíblicamente podemos decir que en Cristo es como obtenemos redención. Colosenses 1:14, hablando de Jesucristo dice:

*"En quien tenemos redención por su sangre, el perdón de pecados."* Colosenses 1:14

Cristo es el único que puede reconciliarnos con el cielo por medio de su sangre.

*"Y por medio de él reconciliar consigo todas las cosas, así las que están en la tierra como las que están en los cielos, haciendo la paz mediante la sangre de su cruz."* Colosenses 1:20

Es por medio de su muerte como podemos obtener la santidad y por ende la aceptación de Dios.

*"En su cuerpo de carne, por medio de la muerte, para presentaros santos y sin mancha delante de él."* Colosenses 1:22

Solo por medio de la sangre de Cristo es que evitamos la penalidad a la que nos llevaban nuestros pecados.

*"Y casi todo es purificado, según la ley, con sangre, y sin derramamiento de sangre no se hace remisión."* Hebreos 9:22

La palabra propiciación significa apaciguar la ira de Dios por medio de una ofrenda. En la salvación por medio de la obra expiatoria de Jesús el castigo que yo merecía fue puesto en Cristo. Es por medio de la fe en la sangre de Cristo como declaramos la justicia del Cordero de Dios y no la nuestra.

*"A quien Dios puso como propiciación por medio de la sangre, para manifestar su justicia, a causa de haber pasado por alto, en su paciencia, los pecados pasados."* Romanos 3:25

La reforma protestante inició con Lutero, un teólogo católico que después de estudiar cuidadosamente las Escrituras formuló la doctrina de la justicia por la fe. La justicia, en otras palabras, se alcanza por la fe en el sacrificio expiatorio de Cristo. Esta fe solo se alcanza por el oír la Palabra de Dios, como bien dice Romanos 10:17. El 31 de octubre de 1517 Martín Lutero colocó en la puerta de una iglesia en Wittenberg, Alemania, las 95 tesis que iban en contra de lo que hasta ese momento la Iglesia Católica le había hecho creer a la gente tocante a la salvación y prácticamente todas las 95 tesis se redactaron contra el sistema de indulgencias.

Como respuesta a la reforma la Iglesia Católica dijo en el concilio de Trento.

*"Cualquiera que diga que los pecados son justificados por la fe solamente, como queriendo decir que no se requiere nada más para obtener la gracia de la justificación, que sea anatema (maldito)." (Canon x,xi) (sexta sesión del concilio de Trento)*

Básicamente lo que hacen las doctrinas de las indulgencias y el purgatorio es tratar de elevar la figura del Papa a nivel de Dios y recordemos que esta misma ambición fue la que hizo que Lucifer cayera. Pablo describe muy bien este poder conocido como el anticristo en su segunda carta a los Tesalonicenses.

*"3Nadie os engañe en ninguna manera; porque no vendrá sin que antes venga la apostasía, y se manifieste el hombre de pecado, 4 el hijo de perdición, el cual se opone contra todo lo que se llama Dios o es objeto de culto, tanto que se sienta en el templo de Dios como Dios, haciéndose pasar por Dios." 2 Tesalonicenses 2:3,4*

Para poner en perspectiva el texto anterior hay que comprender que el Templo de Dios es su iglesia y no un edificio físico.

*"₁₆¿No sabéis que sois templo de Dios, y que el Espíritu de Dios mora en vosotros? ₁₇ Si alguno destruyere el templo de Dios, Dios lo destruirá a él, porque el templo de Dios, el cual sois vosotros, santo es."* 1 Corintios 3:16,17

A pesar de toda esta blasfemia, 500 años después de que Martín Lutero iniciara la reforma protestante surge un movimiento ecuménico liderado por la Iglesia Católica que une a todas las iglesias bajo el liderazgo del Papa. Lo que inició el movimiento protestante fue supuestamente aceptado por la Iglesia Católica en el documento que se firmó en la *"Declaración conjunta sobre la doctrina de la justificación"* el 31 de octubre de 1999 entre la Iglesia Luterana y el Vaticano pero el 5 de julio de 2017, con motivo de la conmemoración de los 500 años del inicio de la Reforma, fue a su vez firmado por la Alianza reformada mundial (compuesta fundamentalmente por zwinglianos, calvinistas y presbiterianos) y el 31 de octubre –el Día de la Reforma– por la Comunión Anglicana, tal como había aprobado previamente el *Anglican Consultative Council* celebrado en Lusaka (Zambia) del 8 al 16 de abril del año anterior. Así, aquel 31 de octubre de 1999 (aniversario del día en que supuestamente Lutero colgó las 95 tesis) fue la fecha escogida para firmar la *Declaración Conjunta sobre la Doctrina de la Justificación* (DCDJ) inicialmente entre católicos y luteranos, y después reconocida por un amplio porcentaje de protestantes. En algunos círculos evangélicos al principio hubo disconformidad, sin embargo, hoy día el texto es aceptado pacíficamente por todos. Veamos a continuación algo de lo que dice el documento.

*"Juntos confesamos: Por gracia solamente, en fe en la obra de salvación de Cristo y no por ningún mérito de nuestra parte, somos aceptados por Dios y recibimos el Santo Espíritu, quien renueva*

*nuestros corazones mientras nos llama y equipa para buenas obras."*

Al leer rápidamente el documento firmado suena muy bueno, sin embargo, cuando lo leemos con detenimiento lo que tenemos es una declaración católica disfrazada de protestantismo. Primeramente, *"por gracia"* no es lo mismo que por fe, recordemos que en el pensamiento católico quien proporciona la gracia es el Papa. Ahora bien, cuando dice *"en la obra de salvación de Cristo"* debería decir "en la obra expiatoria de Cristo", por otro lado, hay que tener presente que en la doctrina católica el Espíritu Santo se recibe en el bautismo infantil, por lo cual, la frase *"el Espíritu Santo quien renueva nuestros corazones"* no presenta ningún obstáculo para la Iglesia Católica pues ellos lo toman a su manera.

Esto es importante tenerlo en cuenta ya que lo que diga el Papa y su cuerpo episcopal es infalible y, por lo tanto, la Iglesia Católica no se puede contradecir de lo que dijo en el Concilio de Trento con respecto al tema de la justificación por la fe.

*"El Romano Pontífice, cabeza del colegio episcopal, goza de esta infalibilidad en virtud de su ministerio cuando, como Pastor y Maestro supremo de todos los fieles que confirma en la fe a sus hermanos, proclama por un acto definitivo la doctrina en cuestiones de fe y moral [...] La infalibilidad prometida a la Iglesia reside también en el cuerpo episcopal cuando ejerce el magisterio supremo con el sucesor de Pedro", sobre todo en un Concilio Ecuménico (LG 25; cf. Vaticano I: DS 3074). Cuando la Iglesia propone por medio de su Magisterio supremo que algo se debe aceptar "como revelado por Dios para ser creído" (DV 10) y como enseñanza de Cristo, "hay que aceptar sus definiciones con la obediencia de la fe"*

*(LG 25). Esta infalibilidad abarca todo el depósito de la Revelación divina (cf. LG 25)." Catecismo de la Iglesia Católica, numeral 891*

Martín Lutero, conocedor de todo esto, dijo lo siguiente:

*"La negociación sobre acuerdos doctrinales no me place en lo absoluto ya que esto es totalmente imposible a menos que el Papa tenga su papado abolido, por lo tanto, evita y huye de aquellos que buscan la mitad del camino. Piensa en mí después de muerto y tales sombras de medios caminos se levantarán porque nada bueno saldrá de ello. No puede haber negociación"*

Por otro lado, el Obispo Schneider, sabiendo la imposibilidad de un acuerdo tal, dijo lo siguiente:

*"Así haya dicho Francisco que Lutero estaba correcto no puede negar el concilio de Trento donde se dijo que Marín Lutero estaba en el error. Por lo tanto, se mantiene el concilio de Trento hasta ahora."*

Hay que tener presente que la Iglesia Católica tiene una experiencia diplomática de muchísimos siglos por lo que su habilidad para llegar a acuerdos que le favorezcan, sin que los demás se sientan perjudicados, es increíble. Tan hábil ha sido el engaño que las iglesias evangélicas declararon el fin de la reforma protestante porque, según ellos, al firmar la iglesia católica el documento había aceptado totalmente la doctrina de la justificación por la fe y por eso ya no había nada porque protestar.

El impulsador de este acuerdo con la Iglesia Católica fue Tony Palmer, un obispo de la Iglesia Episcopal. Este hombre, quien murió en un accidente en el 2006, trató con todos sus esfuerzos el negociar la reconciliación de las iglesias protestantes con la Iglesia

Católica. Según él, la doctrina no era importante sino la unión entre hermanos, sin embargo, sobre esto dice la Palabra de Dios:

*"Si alguno viene a vosotros, y no trae esta sana doctrina; no le recibáis en casa, ni le digáis: ¡Bienvenido!."* 2 Juan 1:10

*"Mas os ruego, hermanos; que os fijéis en los que causan divisiones y tropiezos en contra de la doctrina que vosotros habéis aprendido, y que os apartéis de ellos."* Romanos 16:17

Como ya habíamos visto en el tema anterior la prostituta de Apocalipsis 17 simboliza a una iglesia falsa que con sus falsas doctrinas ha contaminado el mundo. Esta mujer a su vez tiene hijas que simbolizan a todas esas iglesias que se han contaminado con las doctrinas de su madre.

*"₄Y la mujer estaba vestida de púrpura y escarlata, y adornada de oro, de piedras preciosas y de perlas y tenía en su mano un cáliz de oro lleno de abominaciones y de la inmundicia de su fornicación; ₅ y en su frente un nombre escrito, un misterio: Babilonia la grande, la madre de las rameras y de las abominaciones de la tierra."* Apocalipsis 17:4,5

Se puede notar que la Iglesia Católica nunca se arrepintió de las cosas que hizo en el pasado. La Iglesia Católica sigue manteniendo su propia doctrina de salvación, sigue adorando ídolos, sigue observando el falso día de adoración y no ha vuelto a perseguir a nadie más, como lo hizo en la época de la inquisición, simplemente porque le fue quitado el poder político que ostentaba en esa época, sin embargo, cuando a este poder le sea devuelto esa potestad volverá a perseguir a todos aquellos que se le opongan.

La unión de la Iglesia Católica con iglesias evangélicas, que tienen principalmente sus centros de operación en Estados Unidos, es clave para llevar de nuevo a la Iglesia Católica al dominio mundial. Recordemos que quien le restaurará el poder al papado será la segunda bestia de Apocalipsis 13.

Esta alianza político religiosa que se está fraguando entre las iglesias protestantes y la política de Estados Unidos hará que Roma imponga el terror como cuando tenía el poder absoluto.

*"Vi a la mujer ebria de la sangre de los santos, y de la sangre de los mártires de Jesús; y cuando la vi, quedé asombrado con gran asombro." Apocalipsis 13:6*

A pesar de todo, la Babilonia simbólica de este tiempo un día también caerá como lo hizo la Babilonia histórica de Nabucodonosor. Si notamos bien, la quinta plaga de Apocalipsis será una plaga dirigida especialmente a la bestia.

*"₁₀El quinto ángel derramó su copa sobre el trono de la bestia; y su reino se cubrió de tinieblas, y mordían de dolor sus lenguas, ₁₁ y blasfemaron contra el Dios del cielo por sus dolores y por sus úlceras, y no se arrepintieron de todas sus obras." Apocalipsis 16:10,11*

Posteriormente, sigue diciendo el texto.

*"El sexto ángel derramó su copa sobre el gran río Éufrates, y el agua de éste se secó para que estuviese preparado el camino a los reyes del oriente." Apocalipsis 16:12*

Más de una persona agarra este texto literalmente y dicen que las aguas del río Éufrates se están secando en la actualidad para que pasen los chinos y rusos para atacar al estado de Israel, pero recordemos que esto es simbólico y que los ejércitos actuales no son detenidos ni por mares ni por ríos para atacar a otras naciones. Las aguas, nos dicen los siguientes textos, son representaciones de pueblos, muchedumbres, naciones y lenguas.

*"Me dijo también: Las aguas que has visto donde la ramera se sienta, son pueblos, muchedumbres, naciones y lenguas." Apocalipsis 17:15*

*"¡Ay¡ multitud de muchos pueblos que harán ruido como estruendo del mar, y murmullo de naciones que harán alboroto como bramido de muchas aguas." Isaías 17:12*

Por lo tanto, la Babilonia moderna caerá de la misma manera que cayó la Babilonia histórica. Acordémonos que la Babilonia histórica cayó cuando el cauce del rio Éufrates fue desviado y a Babilonia se le secaron las aguas y por ahí pudo pasar Ciro y su ejército. La Babilonia moderna un día perderá el apoyo de las naciones, simbolizado en el secamiento de las aguas del Éufrates y, por ese motivo, caerá y dará paso a Cristo y su ejército de ángeles en su segunda venida.

La pregunta que debemos hacernos es ¿por qué Babilonia va a perder el apoyo de la gente? Si nos vamos a Apocalipsis 14 encontramos el mensaje de los tres ángeles, que representan al pueblo de Dios, y precisamente el mensaje del primero está basado en la justificación por la fe.

*"Vi volar por en medio del cielo a otro ángel que tenía el evangelio eterno para predicarlo a los moradores de la tierra, a toda nación, tribu lengua y pueblo, diciendo a gran voz: Temed a Dios y dadle gloria, porque la hora de su juicio ha llegado; y adorad a*

*aquel que hizo el cielo y la tierra, el mar y las fuentes de las aguas."* Apocalipsis 14:6,7

El evangelio eterno es la obra redentora que Cristo realiza en favor de la humanidad, tal cual se explica en 1 Corintios 15:1-4, por otro lado, "temer a Dios" implica guardar sus 10 mandamientos con la ayuda del Espíritu Santo.

*"₁Estos, pues, son los mandamientos, estatutos y decretos que Jehová vuestro Dios mandó que os enseñase, para que los pongáis por obra en la tierra a la cual pasáis vosotros para tomarla; ₂ para que temas a Jehová tu Dios, guardando todos sus estatutos y sus mandamientos que yo te mando, tú, tu hijo, y el hijo de tu hijo, todos los días de tu vida, para que tus días sean prolongados."* Deuteronomio 6:1,2

El mensaje del primer ángel nos habla de un juicio que se está llevando a cabo en estos momentos y que es el clímax del libro de Daniel y este juicio se encuentra detallado en Daniel capítulos 8 y 9 que más adelante estudiaremos. Por último, el mensaje del primer ángel nos hace un llamado especial a adorar a Aquel que hizo los cielos y la tierra y este llamado está super ligado al cuarto de los diez mandamientos que dice prácticamente lo mismo.

*"₉Seis días trabajarás y harás toda tu obra; ₁₀ mas el séptimo día es reposo para Jehová tu Dios, no hagas en él obra alguna, tú, ni tu hijo, ni tu hija, ni tu siervo, ni tu criada, ni tu bestia, ni tu extranjero que está dentro de tus puertas. ₁₁ Porque en seis días hizo Jehová los cielos y la tierra, el mar, y todas las cosas que en ellos hay y reposó en el séptimo día; por tanto, Jehová bendijo el día de reposo y lo santificó."* Éxodo 20:8-11

Como notamos, este mensaje que será ampliamente predicado en un momento dado y que está centrado en la justificación por la fe hará que Babilonia pierda su apoyo.

*"Otro ángel le siguió diciendo: Ha caído, ha caído, la gran Babilonia, la gran ciudad, porque ha hecho beber a todas las naciones del vino del furor de su fornicación."* Apocalipsis 14:8

El último de los mensajes de los tres ángeles advierte sobre el destino final de aquellos que prefieran quedarse en Babilonia.

*"$_9$Y el tercer ángel los siguió diciendo a gran voz: Si alguno adora a la bestia y a su imagen, y recibe la marca en su frente o en su mano. $_{10}$ él también beberá del vino de la ira de Dios que ha sido vaciado puro en el cáliz de su ira, y será atormentado con fuego y azufre delante de los santos ángeles y del Cordero."* Apocalipsis 14:9,10

En la Babilonia actual queda todavía mucha gente sincera que no ha encontrado la verdad que el Señor tiene para la humanidad. La pregunta es: ¿Eres uno de esos que todavía está en Babilonia? ¿Qué vas a hacer ahora que el Señor te ha permitido acceder a todas estas verdades? Mira el llamado que te hace el Señor en este momento.

*"Y oí otra voz del cielo que decía: Salid de Babilonia pueblo mío, para que no seáis partícipes de sus pecados, ni recibáis parte de sus plagas."* Apocalipsis 18:4

# Daniel 6

# Daniel en el foso de los leones

No era normal, ni lógico que alguien que había ocupado un gran cargo en un reino que había caído formara parte del alto gabinete del reino que había salido victorioso. Lo más típico de la época era que los que ocupaban altos puestos en el reino derrotado fuesen ejecutados sin piedad. En el caso de Daniel, quizás un punto que tenía a su favor fue la interpretación de la profecía del capítulo 5 que predecía la caída de Babilonia a manos de medos y los persas, por otro lado, la sabiduría de Daniel ya era épica en ese tiempo y por eso quizás también le fue respetada la vida.

A pesar de todo esto Daniel tenía algunas desventajas ya que no dejaba de ser una persona que había sido parte del derrocado imperio babilónico y que además había llegado ahí como un esclavo y todo eso causaba molestia entre los medo-persas que ocupaban altos puestos en el reino y para colmo estaba el hecho de que Daniel era mejor que todos ellos.

Lo que hacía especialmente bueno a Daniel era que el Espíritu de Dios estaba con él, como podemos notar en los siguientes textos.

*"Hasta que entró delante de mí Daniel, cuyo nombre es Beltsasar, como el nombre de mi Dios, y en quien mora el espíritu de los dioses santos. Conté delante de él el sueño, diciendo:"* Daniel 4:8

*"Beltsasar, jefe de los magos, ya que he entendido que hay en ti espíritu de los dioses santos, y que ningún misterio se te esconde,*

*declárame las visiones de mi sueño que he visto y su interpretación." Daniel 4:9*

*"Pero Daniel mismo era superior a estos sátrapas y gobernadores, porque había en él un espíritu superior; y el rey pensó ponerlo sobre todo el reino." Daniel 6:3*

En esta historia Daniel es símbolo de Cristo y también es símbolo del pueblo de Dios al final de los tiempos. Veamos algunas coincidencias.

Se hizo un esfuerzo para deshacerse de Jesús porque le tenían envidia y lo mismo le sucedió a Daniel.

*"17 Reunidos, pues, ellos, les dijo Pilato: ¿A quién queréis que os suelte: a Barrabás, o a Jesús, llamado el Cristo? 18 Porque sabía que por envidia le habían entregado? Mateo 27:17,18*

*"Pero Daniel mismo era superior a estos sátrapas y gobernadores, porque había en él un espíritu superior; y el rey pensó en ponerlo sobre todo el reino. 4 Entonces los gobernadores y sátrapas buscaban ocasión para acusar a Daniel en lo relacionado al reino; mas no podían hallar ocasión alguna o falta, porque él era fiel, y ningún vicio ni falta fue hallado en él." Daniel 6:3,4*

Es llamativo que Daniel al igual que Jesús era descendiente de la casa real de Judá y por ende ambos eran descendientes del rey David.

*"Y dijo el rey a Aspenaz, jefe de los eunucos, que trajese de los hijos de Israel, del linaje real de los príncipes." Daniel 1:3*

*"Libro de la genealogía de Jesucristo, hijo de David, hijo de Abraham." Mateo 1:1*

Los hombres que seguían a Daniel lo hacían para encontrar algo malo en Daniel. Daniel, así como Jesús, era una persona íntegra tanto en público como en privado.

*"Entonces los gobernadores y sátrapas buscaban ocasión para acusar a Daniel en lo relacionado al reino; mas no podían hallar ocasión alguna o falta, porque él era fiel, y ningún vicio ni falta fue hallado en él."* Daniel 6:4

*"Le dijo Pilato: ¿Qué es la verdad? Y cuando hubo dicho esto, salió otra vez a los judíos, y les dijo: Yo no hallo en él ningún delito."* Juan 18:38

Tanto Daniel como Jesús eran conocidos por la sabiduría que tenían.

*"Y venido a su tierra, les enseñaba en la sinagoga de ellos, de tal manera que se maravillaban, y decían: ¿De dónde saca éste esta sabiduría y estos milagros?"* Mateo 13:54

*"En tu reino hay un hombre en el cual mora el espíritu de los dioses santos, y en los días de tu padre se halló en él luz e inteligencia y sabiduría, como sabiduría de los dioses; al que el rey Nabucodonosor tu padre, oh rey, constituyó jefe sobre todos los magos, astrólogos, caldeos y adivinos."* Daniel 5:11

Daniel, como vimos, estaba lleno del Espíritu Santo al igual que Jesús.

*"Pero Daniel mismo era superior a estos sátrapas y gobernadores, porque había en él un espíritu superior; y el rey pensó en ponerlo sobre todo el reino."* Daniel 6:3

*"El Espíritu de Dios está sobre mí. Por cuanto me ha ungido para dar buenas nuevas a los pobres, me ha enviado a sanar a los quebrantados de corazón, A pregonar libertad a los cautivos y vista a los ciegos, a poner en libertad a los oprimidos."* Lucas 4:18

Daniel amaba a su pueblo y Cristo a su iglesia.

*"Oye, Señor, oh Señor, perdona; presta oído, Señor, y hazlo; no tardes, por amor de ti mismo, Dios mío; porque tu nombre es invocado sobre tu ciudad y sobre tu pueblo."* Daniel 9:19

*"Porque os celo con celo de Dios; pues os he desposado con un solo esposo, para presentaros como una virgen pura a Cristo."* 2 Corintios 11:2

Por otro lado, los medo-persas planearon matar a Daniel y lo mismo hicieron los líderes religiosos con Cristo.

*"Entonces dijeron aquellos hombres: No hallaremos contra este Daniel ocasión alguna para acusarle, si no la hallamos contra él en relación con la ley de su Dios."* Daniel 6:5

*"Y salidos los fariseos, tuvieron consejo contra Jesús para destruirle."* Mateo 12:14

Ahora bien, al igual que Jesús y Daniel la iglesia de Dios será condenada a muerte por una ley que irá en contra de la ley divina. El punto de quiebre al final de los tiempos tiene que ver con la adoración, como iremos aprendiendo a medida que avancemos con los temas. En el tiempo final habrá un decreto que obligará a los hijos de Dios a quebrantar el cuarto mandamiento que exalta al Señor como creador de los cielos y la tierra.

*"Y se le permitió infundir aliento a la imagen de la bestia para que la imagen de la bestia hablase e hiciese matar a todo el que no la adorase."* Apocalipsis 13:15

También Daniel fue puesto en un foso cerrado por una gran piedra y asegurada por un sello, tal cual hicieron con Cristo, y al igual que Jesús también salió vivo de ese lugar y otra cosa al resaltar es que ambos fueron puestos en ese lugar a la puesta del sol.

*"₁₄Cuando el rey oyó el asunto, le pesó en gran manera, y resolvió librar a Daniel; y hasta la puesta del sol trabajó para librarle. ₁₅ Pero aquellos hombres rodearon al rey y le dijeron: Sepas, oh rey, que es ley de Media y de Persia que ningún edicto u ordenanza puede ser abrogado. ₁₆ Entonces el rey mandó, y trajeron a Daniel, y le echaron en el foso de los leones. Y el rey dijo a Daniel: El Dios tuyo, a quien tú continuamente sirves, él te libre. ₁₇ Y fue traída una piedra y puesta sobre la puerta del foso, la cual selló el rey con su anillo y con el anillo de sus príncipes, para que el acuerdo acerca de Daniel no se alterase."* Daniel 6:14-17

La salida de Daniel del foso de los leones es un símbolo de la resurrección. Al igual que Cristo, Daniel salió ileso y victorioso de ese trance.

*"Entonces se alegró el rey en gran manera a causa de él, y mandó a sacar a Daniel del foso; y fue Daniel sacado del foso, y ninguna lesión se halló en él, porque había confiado en su Dios."* Daniel 6:23

Los leones que no pudieron dañar a Daniel son una representación de Satanás y sus ángeles que fueron, al igual que el caso de Cristo, reprimidos por el poder de Dios.

*"Sed sobrios y velad; porque vuestro adversario el diablo, como león rugiente, anda alrededor buscando a quien devorar."* 2 Pedro 5:8

*"Sobre el león y áspid pisarás; hollarás al cachorro del león y al dragón."* Salmo 91:13

Si Daniel fue fiel, aun viviendo en Babilonia, y Cristo lo fue en una tierra corrompida como lo era el Israel de su época, entonces, no hay excusa para que nosotros no seamos fieles en este mundo lleno de maldad.

*"₇No seáis, pues, partícipes con ellos. ₈ Porque en otro tiempo erais tinieblas, mas ahora sois luz en el Señor; andad como hijos de luz ₉ (porque el fruto del Espíritu es en toda bondad, justicia y verdad), ₁₀ comprobando lo que es agradable al Señor. ₁₁Y no participéis en las obras infructuosas de las tinieblas, sino más bien reprendedlas; ₁₂ porque vergonzoso es aun hablar de lo que ellos hacen en secreto. ₁₃ Mas todas las cosas, cuando son puestas en evidencia por la luz, son hechas manifiestas; porque la luz es lo que manifiesta todo."* Efesios 5:7-13

Es llamativo ver que la ley que se impuso en el reino medopersa, para esa ocasión, iba a tener vigencia solo un mes ya que los enemigos de Daniel estaban seguros de que Daniel no aguantaría tanto tiempo sin tener la comunión que normalmente tenía con su Dios. Esta ley que a nosotros nos parece ilógica estaba basada en la costumbre de muchos de los pueblos de la época que creían que sus gobernantes eran dioses, como era el caso de los egipcios. Al promulgarse edictos como este lo que se buscaba era que la imagen del emperador estuviera por encima de cualquier otros dios o gobernante para mostrar autoridad y eso en aquella época se veía como políticamente correcto. Otro ejemplo de esta forma de actuar la vemos en Daniel 3.

Según Apocalipsis 13 al final de los tiempos también habrá un esfuerzo por unificar a nivel mundial la adoración.

*"Y se le permitió infundir aliento a la imagen de la bestia para que la imagen de la bestia hablase e hiciese matar a todo el que no la adorase."* Apocalipsis 13:15

Se puede notar que Daniel era un asiduo lector de las Escrituras y esto se refleja en la costumbre que tenía de orar tres veces al día en dirección a Jerusalén, ya que la Palabra de Dios dice lo siguiente en el Antiguo Testamento:

*"Tarde y mañana y a medio día oraré y clamaré, y el oirá mi voz."* Salmo 55:17

*"Asimismo que oigas el ruego de tu siervo, y de tu pueblo Israel, cuando en este lugar hicieren oración, que tú oirás desde los cielos, desde el lugar de tu morada; que oigas y perdones."* 2 Crónicas 6:21

Hoy nuestras oraciones son dirigidas al verdadero santuario en donde Cristo ministra por nosotros ante el Padre celestial.

Algo que nos deja claro Daniel es que la ley de Dios está por encima de las leyes de los hombres y hay que tener siempre presente que nosotros somos espectáculo para el mundo, en otras palabras, nuestro testimonio es una de las formas en las que también se predica el evangelio y si no actuamos de acuerdo a la ley de Dios el mundo lo notará inmediatamente y nuestra influencia sobre ellos se verá afectada.

*"Así alumbre vuestra luz delante de los hombres, para que vean vuestras buenas obras, y glorifiquen a vuestro Padre que está en los cielos."* Mateo 5:16

No era necesario que Daniel se expusiera como lo hizo al orar con las ventanas abiertas, sin embargo, Daniel no cambió su forma de ser ni aun en las adversidades, lo cual es un gran ejemplo para nosotros.

*"Cuando Daniel supo que el edicto había sido firmado, entró en su casa, y abiertas las ventanas de su cámara que daban hacia Jerusalén, se arrodillaba tres veces al día, y oraba y daba gracias delante de su Dios, como solía hacerlo antes."* Daniel 6:10

Es de resaltar también que un rey terrenal, como Darío, no fue en contra de su propia ley, sin embargo, en la actualidad muchos cristianos afirman, sin ninguna evidencia, que Dios abolió los diez mandamientos, pero hay que recordar que de acuerdo con la Palabra de Dios los diez mandamientos son el fundamento de su propio reino.

*"17 No penséis que he venido para abrogar la ley o los profetas; no he venido para abrogar sino para cumplir. 18 Porque de cierto os digo que hasta que pasen el cielo y la tierra, ni una jota, ni una tilde pasará de la ley, hasta que todo se haya cumplido. 19 De manera que cualquiera que quebrante uno de estos mandamientos muy pequeños, y así enseñe a los hombres, muy pequeño será llamado en el reino de los cielos; mas cualquiera que los haga y los enseñe, éste será llamado grande en el reino de los cielos."* Mateo 5:17-19

De acuerdo a la evidencia profética que hemos visto, y que seguiremos viendo, al igual que los gobernadores y sátrapas engañaron al rey Darío, en los tiempos finales los líderes religiosos engañarán al poder civil para promulgar leyes contra aquellos que guardan los mandamientos de Dios y tengan la fe de Jesús, a pesar de todo, Dios también librará a su pueblo en ese tiempo de angustia. Todos aquellos que se opongan a rendirle culto a ese sistema conocido como Babilonia tendrán que enfrentar oposición y persecución, sin embargo, todos los que cedan a esos mandamientos de hombres también tendrán que afrontar las plagas que Dios tiene reservadas para los impíos. Dios le dará la victoria a su pueblo, así como Dios se la dio a Daniel.

*"En aquel tiempo se levantará Miguel, el gran príncipe que está de parte de tu pueblo; y será tiempo de angustia, cual nunca fue desde que hubo gente hasta entonces, pero en aquel tiempo será libertado tu pueblo, todos los que se hallen escritos en el libro."*
Daniel 12:1

*"Y oí otra voz de cielo que decía: Salid de Babilonia pueblo mío, para que no seáis partícipes de sus pecados, ni recibáis parte de sus plagas."* Apocalipsis 18:4

# *Daniel 7*

## La visión de las cuatro bestias

Como vimos, el reino de Babilonia había caído en manos de los medos y los persas, sin embargo, el capítulo 7 se regresa a una visión que había tenido Daniel en el primer año del reinado de Belsasar, rey de Babilonia. Esta visión está basada en un sueño que tuvo Daniel en el cual vio una serie de animales salvajes. Como podremos ver, a medida que describamos la visión, esta es una visión paralela al sueño que tuvo Nabucodonosor en el capítulo 2, sin embargo, se añaden nuevos detalles a los eventos.

Esta visión es en parte descifrada por un ser celestial cerca de la mitad del capítulo 7 pero, a pesar de la luz que arrojan sus detalles, solo con el transcurrir del tiempo es como realmente quedaría del todo clara la visión. En este punto nos vamos acercando al clímax del libro que está en los capítulos 8 y 9 de Daniel y que nos habla de un juicio que se lleva a cabo en el cielo, previo a la segunda venida de Cristo. Es interesante ver que incluso el nombre de Daniel nos llama la atención a ese evento judicial pues el nombre de Daniel significa "Dios es mi juez".

La visión empieza diciendo:

"₂Daniel dijo: Miraba yo en mi visión de noche, y he aquí que los cuatro vientos del cielo combatían con el gran mar. ₃ Y cuatro bestias grandes, diferentes la una de la otra, subían del mar." Daniel 7:2

Los cuatro vientos que lógicamente provienen de los cuatro puntos cardinales representan la actividad política y bélica en diversas partes del mundo, de acuerdo al contexto del capítulo y también al significado que se les da en los siguientes textos.

*"Pero cuando se haya levantado, su reino será quebrantado y repartido hacia los cuatro vientos del cielo; no a sus descendientes, ni según el dominio con que él dominó; porque su reino será arrancado, y será para otros fuera de ellos."* Daniel 11:4

*"Traeré sobre Elam los cuatro vientos de los cuatro puntos del cielo, y los aventaré a todos estos vientos; y no habrá nación a donde no vayan."* Jeremías 49:36

El mar o la aguas en profecía simbolizan naciones, pueblos muchedumbres y lenguas como se confirma a continuación.

*"Me dijo también: Las aguas que has visto donde la ramera se sienta son pueblos, muchedumbres, naciones y lenguas."* Apocalipsis 17:15

*"¡Ay! Multitud de muchos pueblos que harán ruido como estruendo del mar, y murmullo de naciones que harán alboroto como bramido de muchas aguas."* Isaías 17:12

Estas multitudes están contenidas o representadas en las cuatro bestias que suben del mar, lo que quiere decir que los imperios que están representados en esas cuatro bestias surgirán de movimientos políticos y bélicos que turbarán las muchedumbres que viven en esos reinos altamente poblados. Precisamente en Daniel 7:17 dice lo siguiente:

*"Estas cuatro bestias son cuatro reyes que se levantarán en la tierra."* Daniel 7:17

Pero hay que tener en cuenta que las palabras rey o reino son intercambiables, tal cual lo podemos confirmar en Daniel 7:23.

*"Dijo así: La cuarta bestia será un cuarto reino en la tierra, el cual será diferente de todos los otros reinos, y a toda la tierra devorará, trillará y despedazará."* Daniel 7:23

La primera bestia que surge del mar es un león con alas.

*"La primera bestia era como león, y tenía alas de águila. Yo estaba mirando hasta que sus alas fueron arrancadas, y fue levantada del suelo y se puso enhiesta sobre los pies a manera de hombre, y le fue dado corazón de hombre."* Daniel 7:4

Tal como vimos, cuando analizamos los capítulos 3 y 4 de Daniel, Babilonia muchas veces se representaba con un león con alas. Este león también en Babilonia simboliza al sol debido a su color y a su melena y el león con alas también aparece en varios hallazgos arqueológicos a lado del dios Marduk que era el dios principal de los babilonios. El hecho de que al león le fueran arrancadas las alas y se pusiera en pie como un hombre y se le diera corazón de hombre podría tratarse de la fuerza que perdió este reino luego de la muerte de Nabucodonosor, quien había llevado el imperio a lo más alto de la escena mundial en su tiempo. Luego de la muerte de Nabucodonosor Babilonia pierde precisamente la voracidad y ferocidad del león y el vigor y el alcance de las conquistas de las águilas y se vuelve un reino más humanizado o civilizado. El león alado corresponde a la cabeza de oro de la estatua de la visión que tuvo Nabucodonosor en Daniel 2. Jeremías hablando precisamente de la invasión babilónica sobre Judá, dice lo siguiente:

*"6 Alzad bandera en Sion, huid, no os detengáis; porque yo hago venir mal del norte, y quebrantamiento grande. 7 El león sube de la*

*espesura, y el destruidor de las naciones está en marcha, y ha salido de su lugar para poner tu tierra en desolación, tus ciudades quedarán asoladas y sin morador." Jeremías 4:6,7*

El apogeo del imperio babilónico, que empezó en el año 606 a.c, terminó con el golpe que le propinaron los medos y persas en el año 539 antes de Cristo.

El imperio medo-persa que en Daniel 2 es representado por el pecho y los brazos de plata de la estatua, es representado por un oso en el capítulo 7.

*"Y he aquí una segunda bestia, semejante a un oso, la cual se alzaba de un costado más que del otro, y tenía en su boca tres costillas entre sus dientes; y le fue dicho así: Levántate, devora mucha carne." Daniel 7:5*

Así como la plata es inferior que el oro, el oso en algunos aspectos es más débil que un león. El motivo por el cual este oso se alzaba más de un costado que del otro nos indica que este imperio se compuso de dos pueblos que unieron sus esfuerzos, sin embargo, los persas eran por mucho más fuertes que los medos. Según la mayoría de comentadores bíblicos, las tres costillas entre los dientes del oso son los tres principales pueblos conquistados por los medo-persas: Babilonia, Lidia y Egipto.

El imperio medo-persa va a empezar su auge con la conquista de babilonia en el año 539 antes de Cristo y va a caer después de más de 200 años de esplendor en manos de Grecia, propiamente en el año 331 antes de Cristo.

El imperio griego es representado por un leopardo y este símbolo es el equivalente al vientre y los muslos de bronce la estatua de Daniel 2. Veamos la descripción del leopardo que nos da Daniel:

*"Después de esto miré, y he aquí otra, semejante a un leopardo, con cuatro alas de ave en sus espaldas; tenía también esta bestia cuatro cabezas; y le fue dado dominio."* Daniel 7:6

El leopardo es un animal muy veloz y si a eso le agregamos que este leopardo tenía alas eso nos da una justa ilustración de la manera tan veloz en que los griegos, bajo las órdenes de Alejandro Magno, conquistaron tanta extensión de tierra en tan poco tiempo, sin embargo, Alejandro Magno murió muy joven, a los 33 años, y su imperio termina repartiéndose entre los cuatro generales de Alejandro Magno: Casandro, Lisímaco, Seleuco y Tolomeo y de ahí que el leopardo que representa a Grecia tenga cuatro cabezas. El imperio griego que inició en el año 331 termina cayendo en manos de los romanos en el año 168 a.C.

La cuarta bestia es un animal que no se parece a nada conocido, y tal cual lo dicta la historia, representa al imperio romano que también es representado en el capítulo dos con las piernas de hierro. Los diez cuernos de esta bestia tienen su paralelo con los diez dedos de los pies de la estatua del sueño de Nabucodonosor que simbolizan las diez tribus bárbaras en que terminó dividida la antigua Roma imperial y el cuerno pequeño que surge al final de la bestia en la visión de la estatua equivale a la combinación del barro con hierro que describe al poder político-religioso conocido como Roma papal.

*"7Después de esto miraba yo en las visiones de la noche, y he aquí una cuarta bestia, espantosa y terrible y en gran manera*

*fuerte, la cual tenía unos dientes grandes de hierro; devoraba y desmenuzaba, y las sobras hollaba con sus pies, y era muy diferente de todas las demás bestias que vi antes de ella, y tenía diez cuernos. ₈ Mientras yo contemplaba los cuernos, he aquí que otro cuerno pequeño salía entre ellos, y delante de él fueron arrancados tres cuernos de los primeros; y he aquí que este cuerno tenía ojos como de hombre, y una boca que hablaba grandes cosas."* Daniel 7:7,8

Lo que tenemos aquí es una evolución del sistema romano. Aparece primero la Roma imperial posteriormente se da paso a la Roma dividida en 10 partes (que son exactamente las diez tribus bárbaras en las que históricamente se partió Roma) y luego de ello lo que nos queda hasta nuestros días es la Roma papal que surge al final de la división del imperio romano. La Roma papal es un reino diferente a los diez cuernos ya que se trata de un poder político-religioso y como se notará en la descripción que viene en Daniel 7:23-25 a este reino le interesa mucho los asuntos religiosos.

*"₂₃ Dijo así: La cuarta bestia será un cuarto reino en la tierra, el cual será diferente de todos los otros reinos, y a toda la tierra devorará, trillará y despedazará. ₂₄ Y los diez cuernos significan que de aquel reino se levantarán diez reyes, y tras ellos se levantará otro, el cual será diferente de los primeros, y a tres reyes derribará. ₂₅ Y hablará palabras contra el Altísimo, y a los santos del Altísimo quebrantará, y pensará en cambiar los tiempos y la ley; y serán entregados en su mano hasta tiempo, tiempos y medio tiempo."* Daniel 7:23-25

Las diez tribus bárbaras en las que se dividió el Imperio Romano fueron las siguientes: Hérulos, vándalos, ostrogodos, visogodos, suevos, burgundios, francos, lombardos, germanos y sajones.

Todas estas tribus vinieron del norte de Europa hacia el imperio romano huyendo principalmente del implacable pueblo asiático Huno que los hostigaba. Para los romanos, estos pueblos que venían del norte eran seres salvajes y por mucho tiempo trataron de repelerlos, pero con el paso de los años, debido a la inmensidad del imperio romano, se convirtieron en un problema y al final el imperio quedó dividido en diez partes producto de la tenacidad de los pueblos bárbaros. Cuando cae el imperio romano de occidente a manos de las tribus bárbaras la ausencia de poder que dejaron los emperadores fue suplida por el obispo de Roma. Antes de esto el obispo romano era solo un obispo más dentro del imperio romano, pero luego todo cambió y este obispo se llegó a imponer a los demás obispos europeos y a todos los reinos que recién se estaban formando.

De las diez tribus bárbaras hubo tres que creían en la doctrina arriana de la deidad, que era contraria a la doctrina sobre la deidad que tenía la Iglesia Romana. Estos tres pueblos eran los Hérulos, vándalos y ostrogodos y representaron un dolor de cabeza para la Iglesia de Roma, sin embargo, el emperador Bizantino Justiniano I terminó deshaciéndose de estos tres poderes y para el año 538 los ostrogodos son finalmente derrotados en el bastión que tenían en Roma y a partir de ese momento es que la Roma papal aparece en escena con fuerza ya que al desparecer el dominio ostrogodo y al estar el emperador bizantino tan lejos de Roma, en la Turquía actual, la figura papal comienza a tomar relevancia en occidente.

El poderío del cuerno pequeño, según nos dice Daniel, es de tiempo, tiempos y medio tiempo. Un tiempo equivale a un año y cuando aparece la palabra tiempos sin estar acompañada de ningún número, entonces, se refiere a dos años y lógicamente medio tiempo es medio año; por lo que aquí tenemos un periodo de tres años y medio. La Nueva Versión Internacional de hecho traduce Daniel 7:25 de la siguiente manera:

*"Hablará en contra del Altísimo y oprimirá a sus santos; tratará de cambiar las festividades y también las leyes, y los santos quedarán bajo su poder durante tres años y medio."* Daniel 7:25

Ahora bien, hay que tener en cuenta que en profecía un día equivale a un año, como podemos ver en Ezequiel 4:6.

*"Cumplidos éstos, te acostarás sobre tu lado derecho segunda vez, y llevarás la maldad de la casa de Judá cuarenta días; día por año, día por año te lo he dado."* Ezequiel 4:6

Debido a que el mes bíblico es de 30 días quiere decir que el tiempo de acción y persecución del sistema papal contra los hijos de Dios sería de 1260 años ya que tres años y medio son 42 meses y 42x30=1260 y como que este periodo empezaba en el 538 significa que terminaría en 1798 y precisamente fue en ese año que Napoleón le quita el poder político al papado cuando invade Italia y con esto termina el periodo en que la Roma papal se deshacía de cualquiera que se le opusiera. El capítulo 7 de Daniel solo nos habla del primer periodo de supremacía papal, sin embargo, como hemos visto cuando estudiamos Apocalipsis 13, está pendiente un segundo resurgimiento de este poder que todavía está en el futuro.

Las palabras que hablará este sistema contra Dios, según Daniel 7:25, son las abominaciones que habla la primera bestia (Apocalipsis 13:5) y que representa a este mismo poder. Como ya anteriormente habíamos visto, entre otras cosas, una abominación, bíblicamente hablando, puede ser cualquiera de las siguientes cosas:

1.- Abominación es creer en la inmortalidad del alma y practicar la adivinación, cosas que están muy relacionadas.

*"Cuando entres a la tierra que Jehová tu Dios te da, no aprenderás a hacer según las abominaciones de aquellas naciones.[10]No sea hallado en ti quien haga pasar a su hijo o a su hija por el fuego, ni quien practique adivinación, ni agorero, ni sortílego, ni hechicero.[11]ni encantador, ni adivino, ni mago, ni quien consulte a los muertos.[12]Porque es abominación para con Jehová cualquiera que hace estas cosas, y por estas abominaciones Jehová tu Dios echa estas naciones de delante de ti." Deuteronomio 18:9-12*

2.- Abominación es creer que la ley de Dios ya es cosa del pasado y no tiene vigencia en la actualidad.

*"El que aparta su oído para no oír la ley, su oración también es abominable." Proverbios 28:9*

3.- Abominación es alimentarse de carnes y alimentos que Dios no mandó a comer.

*"Nada abominable comerás." Deuteronomio 14:3*

4.- Abominación es presentar adoración a Dios de una manera y en un día que Dios no estableció como su día sino en un día dedicado al dios sol, entre los paganos, para hacer una mezcla entre cristianismo y paganismo que agradara a todos.

*"[15]Luego me dijo: ¿No ves, hijo de hombre? Vuélvete aún, verás abominaciones mayores que éstas [16] Y me llevó al atrio de adentro de la casa de Jehová, y he aquí junto a la entrada del templo de Jehová, entre la entrada y el altar, como veinticinco varones, sus*

*espaldas vueltas al templo de Jehová y sus rostros hacia el oriente, y adoraban al sol, postrándose hacia el oriente." Ezequiel 8:15,16*

5.- Abominación es derramar sangre, como lo hizo la Babilonia histórica y como lo ha hecho y hará la Babilonia de nuestros días.

*"Tú, hijo de hombre, ¿no juzgarás tú a la ciudad derramadora de sangre, y mostrarás todas sus abominaciones?" Ezequiel 22:2*

Otras frases a analizar en Daniel 7:25 es la que dice que el cuerno pequeño *"pensará cambiar los tiempos y la ley"*. Cuando en las Sagradas Escrituras se habla de tiempos se refiere a tiempos proféticos y la iglesia católica ha cambiado precisamente la forma correcta de interpretar las profecías para no verse implicada con símbolos tales como la bestia o el anticristo. Los primeros reformadores ya habían identificado al sistema papal con todos estos poderes pues ellos utilizaban el método de interpretación historicista, que de acuerdo a la misma Biblia es el método correcto de estudiar las profecías.

Después de que la Iglesia Católica había perseguido a los protestantes sin lograr los resultados esperados decidieron que los más correcto era infiltrar el método de interpretación profético historicista de los protestantes y cambiarlo por los métodos que se conocen con el nombre de preterista o futurista. El método preterista dice que todas las cosas que señalan las profecías ya ocurrieron mientras que el futurista dice que la mayoría de las cosas están por ocurrir en el futuro, por lo cual, si todo está en el pasado o todo está en el futuro, entonces, el sistema papal no puede ser la bestia de Apocalipsis 13, ni el anticristo, ni el cuerno pequeño, ni tampoco la prostituta de Apocalipsis 17. Esta labor de infiltración fue llevada a cabo por sacerdotes jesuitas como Luis de

Alcázar, Francisco Rivera y Manuel Lacunza de los cuales se puede encontrar mucha información.

Estos métodos de interpretación hicieron que los protestantes bajaran la guardia al punto de tender lazos de alianza ecuménica con Roma y, por lo pronto, lo que tenemos es un liderazgo papal que se extiende hasta las mismas iglesias protestantes.

Ahora bien, la ley que pensaría cambiar el cuerno pequeño son los diez mandamientos que será un tema que ahondaremos cuando estudiemos el capítulo 8 de Daniel, pero por el momento podemos decir que el papado eliminó tres de los 10 mandamientos que tienen que ver con la adoración a Dios y los sustituyó con otros requerimientos. El Señor no cambia su ley y en repetidas veces las Escrituras señalan que su ley es inmutable, por eso es que Daniel 7:25 dice que el cuerno pequeño "pensaría" cambiar la ley.

A pesar de todo lo importante que hemos visto, el tema central del capítulo está en un evento que se está llevando a cabo en el cielo y no en la tierra. Mientras el cuerno pequeño todavía existe hay un acto solemne que se está desarrollando en los atrios celestiales.

*"9Estuve mirando hasta que fueron puestos tronos, y se sentó un anciano de días, cuyo vestido era blanco como la nieve, y el pelo de su cabeza como lana limpia; su trono llama de fuego, y las ruedas del mismo, fuego ardiente. 10 Un río de fuego procedía y salía delante de él; millares de millares le servían, y millones de millones asistían delante de él; el juez se sentó y los libros fueron abiertos. 11 Yo entonces miraba a causa del sonido de las grandes palabras que hablaba el cuerno; miraba hasta que mataron a la bestia, su cuerpo fue destrozado y entregado para ser quemado en el fuego.*

*₁₂ Habían también quitado a las otras bestias su dominio, pero les había sido prolongada la vida hasta cierto tiempo. ₁₃ Miraba yo en la visión de la noche, y he aquí con las nubes del cielo venía uno como un hijo de hombre, que vino hasta el anciano de días, y le hicieron acercarse delante de él. ₁₄ Y le fue dado dominio, gloria y reino para que todos los pueblos, naciones, y lenguas le sirvieran; su dominio es dominio eterno, que nunca pasará, y su reino uno que no será destruido."* Daniel 7:9-14

Hay que tener cuidado de no confundir el acercamiento del Hijo del Hombre (Cristo) al Padre con la segunda venida de Cristo. Realmente el Hijo del Hombre se está acercando al Padre para iniciar el juicio. Esta confusión es muy frecuente pero comprensible por la similitud de las descripciones que tenemos de estos dos eventos.

Sobre este juicio no se nos da tantos detalles, como los que vamos a tener cuando lleguemos a los capítulos 8 y 9 de Daniel. Lo que de momento tenemos es que este juicio empieza en el cielo cuando ya el cuerno pequeño o el sistema papal existía. En este juicio, como veremos más adelante, se analizarán los casos de aquellos que van a formar parte de ese reino que se había perdido por causa del pecado pero que Cristo recobrará en su momento, porque él salió victorioso en su obra redentora y venció al que le había robado el reino a Adán, o sea Satanás.

Todos los reinos mundanales pasarán, no importa los logros que hayan hecho, pero el mundo entero le pertenecerá a Cristo Jesús nuestro redentor y a través de él es como también nosotros heredamos todas las cosas.

*"₂₆Pero se sentará el juez, y le quitarán su dominio para que sea destruido y arruinado hasta el fin, ₂₇ y que el reino, y el dominio, y la majestad de los reinos debajo de todo el cielo, sea dado al pueblo del Altísimo, cuyo reino es reino eterno, y todos los dominios le servirán y obedecerán."* Daniel 7:26,27

*"Así que ya no eres esclavo, sino hijo, y si hijo, también heredero de Dios por medio de Cristo."* Gálatas 4:7

# Daniel 8 y 9

## Yom Kippur o día de expiación

No sé cuál sea la idea que tenga de los rituales del Antiguo Testamento, lo cierto es que casi nadie se toma el tiempo para entenderlos. Dios tomó su tiempo, su valioso tiempo, y diseñó una serie de rituales que estaban contenidos en las llamadas leyes de Moisés. Estos rituales tenían como propósito principal detallar el ministerio del Mesías, y eran también una oportunidad para que el pecador pudiera expresar su fe en las promesas hechas por Dios. Es por eso que, entre otras cosas, esa ley ya no la guardamos pues Cristo, nuestro cordero y nuestra pascua, ya fue sacrificado cumpliendo así con lo que había sido prometido. La ley ritual era en sí misma un sistema de profecías dramatizadas y algunas de esas profecías todavía están en desarrollo y, por lo tanto, es importante estudiarlas con el fin de sacar las enseñanzas que tienen y, de esta forma, entender mejor las profecías y el ministerio de Cristo.

El corazón del sistema ritual judío era el santuario. Solo ahí se podían realizar las ofrendas y sacrificios y eran solo los sacerdotes, descendientes de Aarón, los que estaban autorizados para oficiar en él. El santuario estaba dividido en tres partes: El atrio, el Lugar Santo y el Lugar Santísimo. En el atrio, o patio, estaba el altar del sacrificio y también un lavatorio de bronce en donde los sacerdotes se lavaban antes de entrar al templo. En la primera parte del templo, llamada Lugar Santo, se encontraban la mesa de los panes de la proposición, el candelero de oro y el altar del incienso. La primera y la segunda parte del edificio quedaban separadas por una cortina y en la segunda sección, llamada Lugar Santísimo, se encontraba una caja de madera cubierta con oro llamada Arca del Pacto, ya que dentro de ella se encontraban los diez mandamientos. La misma presencia de Dios estaba en el Lugar Santísimo y solo el sumo sacerdote, una vez al año y el día de la expiación, podía entrar sin morir. La tapa del arca, llamada propiciatorio, simbolizaba el mismo trono de Dios ya que desde allí Dios manifestaba su voluntad.

El sistema ceremonial de expiación, o eliminación del pecado, se componía de dos partes. El primero se conocía con el nombre de sacrificio continuo y estaba relacionado con el perdón. El sacrificio continuo se realizaba dos veces al día. El sacerdote sacrificaba un cordero en la mañana y otro cordero por la tarde y, de esta forma, la víctima inocente moría por el pecado del culpable pagando, simbólicamente, el precio que la ley exigía, o sea la muerte (Romanos 6:23). Luego el sacerdote llevaba en su dedo índice la sangre del sacrificio y rociaba con esa sangre siete veces hacia la cortina que dividía el Lugar Santo del Lugar Santísimo y, de esta manera, el pecado era transferido figurativamente al Santuario. (Ver Éxodo 29:38-46 y Levítico capítulo 4). La sangre se salpicaba hacia el velo detrás del cual estaba el arca que contenía la ley que el pecador había transgredido. Había también otros tipos de sacrificios en los que el sacerdote recogía la sangre y la ponía sobre los cuernos del altar del sacrificio, o sobre los cuernos del altar del incienso y otras veces la sangre no era llevada al lugar santo pero el sacerdote debía comer de la carne para llevar, en sí mismo, la maldad del pueblo (Levítico 6:24-26). En cualquier caso, ceremonialmente hablando, se transfería el pecado al santuario y, de esta forma, se concedía el perdón y Dios se responsabilizaba temporalmente por esos pecados hasta la penúltima fiesta ceremonial del año.

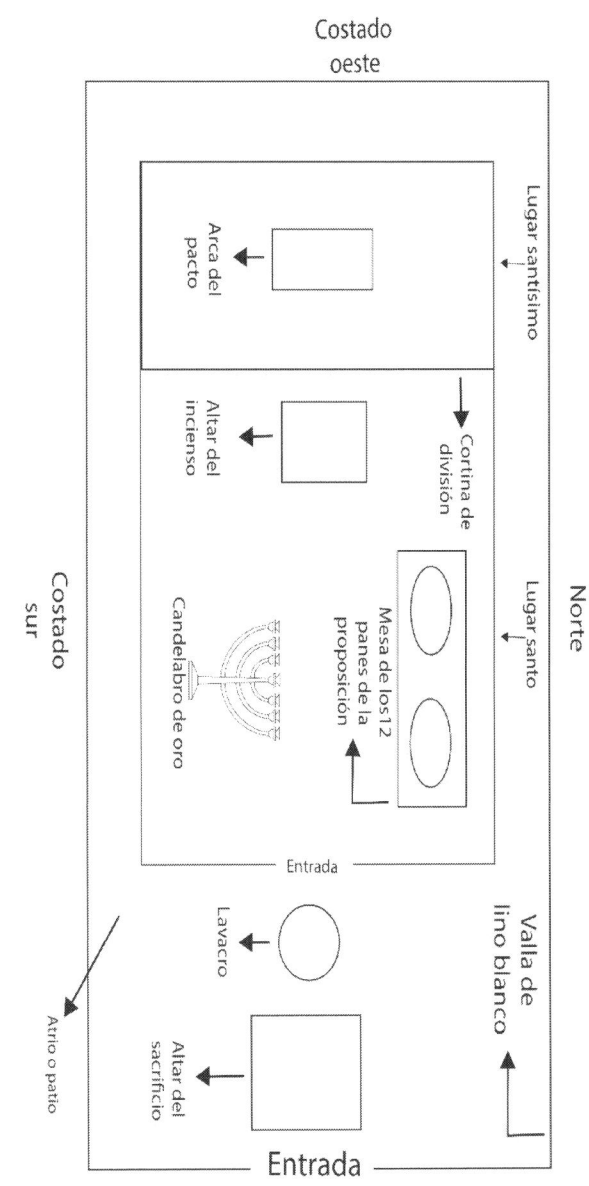

# Diagrama del santuario
por Luis Barboza

- Costado oeste
- Costado Norte
- Costado sur
- Entrada

- Lugar santísimo
  - Arca del pacto
- Cortina de división
- Lugar santo
  - Altar del incienso
  - Mesa de los 12 panes de la proposición
  - Candelabro de oro
- Entrada
- Valla de lino blanco
- Atrio o patio
  - Lavacro
  - Altar del sacrificio
- Entrada

Estos pecados quedaban perdonados pero no eliminados pues permanecían registrados, en forma alegórica, en la cortina y los altares.

Quiero resaltar el hecho de que algunos pecados se remitían directamente al santuario, sin la intervención de sacerdote alguno. Estos pecados eran los pecados de rebelión o *"pesha"*

*"₂Dirás asimismo a los hijos de Israel: Cualquier varón de los hijos de Israel, o de los extranjeros que moran en Israel, que ofreciere alguno de sus hijos a Moloc, de seguro morirá; el pueblo de la tierra lo apedreará. ₃ Y yo pondré mi rostro contra tal varón, y lo cortaré de entre su pueblo, por cuanto dio sus hijos a Moloc, **contaminando mi santuario** y profanando mi santo nombre."* Levítico 20:2,3

*"Y el que fuere inmundo, y no se purificare, la tal persona será cortada de entre la congregación, por cuanto **contaminó el tabernáculo de Jehová**; no fue rociada sobre él el agua de la purificación; es inmundo."* Números 19:20

La contaminación automática del santuario se ve en ciertos pecados gravísimos en los que no había expiación disponible. Menciono esta clase de pecados en particular ya que serán de análisis más adelante. Las otras dos palabras para pecado en hebreo son *"hatta´t"*, que se traduce mayormente como pecado, y *"awon"* que se traduce como iniquidad. Al final todas las clases de pecado contaminaban el santuario.

*"Y pondrá Aarón sus dos manos sobre la cabeza del macho cabrío, y confesará sobre él todas las iniquidades (awon) de los hijos de Israel, todas sus rebeliones (pesha) y todos sus pecados (hatta´t), poniéndolos así sobre la cabeza del macho cabrío, y lo*

*enviará al desierto por mano de un hombre destinado para esto."* Levítico 16:21

Ese registro de los pecados contaminaba el santuario mismo por lo cual una vez al año, en el Día de Expiación (Levítico 16) o Yom Kippur que es la segunda parte del sistema de expiación, el sacerdote purificaba el santuario. El perdón de los pecados se hacía durante todo el año pero la eliminación de esos pecados, que contaminaban el santuario, se hacía una vez al año. Ese día el sacerdote entraba directamente al Lugar Santísimo e intercedía por el pueblo ante la misma presencia de Dios.

El día de expiación se ofrecían cinco animales: un becerro, dos machos cabríos y dos carneros. Todos estos animales eran sacrificados menos uno de los machos cabríos. Entre los dos machos cabríos se echaba suerte y uno de ellos era sacrificado, el que era para Dios y al otro, el de Azazel, se le transferirían simbólicamente los pecados que habían cometido los hijos de Israel durante todo el año y era llevado por un hombre, previamente seleccionado, al desierto para que muriera y, de esta forma, el pueblo tenía una purificación extra. El macho cabrío de Azazel no era una ofrenda sino un vehículo para llevarse el pecado. La palabra hebrea que se traduce como demonio, en [1]Levítico 17:7, es *"sair" y* se puede traducir también como macho cabrío, o siervo macho, tal y como sucede en [2]Levítico 16:21. Azazel era identificado por los antiguos intérpretes judíos como Satanás.

Cabe destacar que esta expiación, o juicio como también se le considera, era exclusivamente para el pueblo de Dios y al final de

---

[1] Ver análisis textual al final de la obra, grupo 1.
[2] Ver análisis textual al final de la obra, grupo 1.

ese juicio solo había dos clases de personas: las justas y las injustas y estas últimas eran sacadas del campamento y ya no se consideraban parte del pueblo de Dios.

## Dos profecías en una misma línea de tiempo

La profecía de las setenta semanas se encuentra en el libro de Daniel. Daniel vivió unos 600 años antes de Cristo. A Daniel, que vivió durante los imperios de Babilonia y Medo Persia, se le reveló el futuro desde su época hasta el nacimiento de un mundo nuevo. Sus profecías declaran con tremenda precisión la sucesión de imperios que habría desde Babilonia hasta Roma y más allá. La sucesión de imperios como la historia confirma, es la siguiente: Babilonia, Medo-Persia, Grecia y Roma. Estos imperios tienen la característica de haber influido en la historia de los hijos de Dios.

Esta profecía es importante para comprender los eventos del tiempo del fin y es parte de una profecía más larga que se menciona en Daniel 8:14, que está ligada con el Día de Expiación. Para que tenga una idea más clara de esta profecía es conveniente que lea los capítulos 8 y 9 de Daniel. En Daniel capítulo 8, al profeta se le da un resumen de lo que acontecerá a lo largo de la historia. Los imperios terrenales están representados por una serie de animales relacionados con los sacrificios del santuario, y en especial con los de la fiesta de Yom Kippur, y eso no es coincidencia como veremos. Gran parte de la visión de Daniel 8 se descifra fácilmente ya que el ángel Gabriel le revela a Daniel una parte. El ángel Gabriel le dice al profeta que el carnero representa al Imperio Medo-Persa y que el macho cabrío es Grecia y el gran cuerno que tiene el macho cabrío es el primer rey, o sea Alejandro Magno. Luego, este gran cuerno se quiebra y en su lugar salen cuatro cuernos que representan la división de Grecia después de la muerte de Alejandro Magno. Grecia se divide en cuatro ya que los cuatro generales de Alejandro se reparten entre ellos el reino. La confusión comienza con la interpretación del cuerno pequeño, que emerge luego de la aparición de los cuatro cuernos anteriores.

"*₈Y el macho cabrío se engrandeció sobremanera; pero estando en su mayor fuerza, aquel cuerno fue quebrado, y en su lugar salieron otros cuatro cuernos notables hacia los cuatro vientos del cielo. ₉ Y de unos de ellos salió un cuerno pequeño que creció mucho al sur, al oriente, y hacia la tierra gloriosa.*" Daniel 8:8,9

Para muchos intérpretes, el cuerno pequeño corresponde al rey Antíoco Epífanes IV, ya que dan por un hecho que este cuerno sale de uno de los cuatro cuernos anteriores, pero en realidad el cuerno no sale de ninguno de los cuernos anteriores sino de uno de los cuatro vientos, o de algún punto de la rosa de los vientos, como mejor se aprecia en el idioma original. Esto no es extraño ya que en Daniel 11:4 se dice, por ejemplo, que el reino griego fue "repartido hacia los cuatro vientos del cielo," refiriéndose a la división del imperio griego después de Alejandro Magno.

"*Pero cuando se haya levantado, su reino será quebrantado y repartido hacia los cuatro vientos del cielo; no a sus descendientes, ni según el dominio con que él dominó; porque su reino será arrancado, y será para otros fuera de ellos.*" Daniel 11:4.

Este cuerno pequeño tiene primero un crecimiento horizontal que se representa en los puntos cardinales y esto nos describe muy bien la expansión horizontal del imperio romano, ya que el sur y el oriente fueron los puntos cardinales de mayor expansión de dicho imperio. Esta expansión evidentemente no aplica al reino de Antíoco Epífanes IV, que no creció mucho ni tampoco en todas las direcciones que menciona Daniel 8:9. Luego el cuerno pequeño pretende un crecimiento vertical pues la emprende contra el cielo, la tierra gloriosa (ver Isaías 14:13 y Salmo 48:1,2 y Apocalipsis 21:2), y en esta fase el cuerno pequeño coincide a la perfección con el mismo cuerno pequeño de Daniel 7, que representa a la Iglesia Católica Romana. La visión, como dijo el ángel Gabriel al profeta en Daniel 8:17, es para el tiempo del fin y evidentemente esto tampoco aplica a Antíoco Epífanes IV, de la dinastía griega seléucida, que gobernó del 215 A.C al 164 A.C. Sin embargo, esto si calza con la metamorfosis que iba a tener el imperio romano, y que fue predicha muy bien por el libro de Daniel. El imperio romano, que gobernó después del imperio griego, pasó de ser un poder político para convertirse en un poder político y religioso, conocido como Iglesia Católica Romana, que estará vigente hasta el tiempo del fin, según la evidencia bíblica.

Este cuerno, nos dice Daniel 8:10-12, se engrandeció o atacó:

1. El ejército y las estrellas.
2. El príncipe del ejército.
3. El Santuario.
4. Los rituales del Santuario.

*"₁₀Y se engrandeció hasta el ejército del cielo; y parte del ejército y de las estrellas echó por tierra, y las pisoteó. ₁₁ Aun se engrandeció contra el príncipe de los ejércitos, y por él fue quitado el continuo sacrificio, y el lugar de su santuario fue echado por tierra. Y a causa de la prevaricación le fue entregado el ejército junto con el continuo sacrificio; y echó por tierra la verdad, e hizo cuanto quiso, y prosperó." Daniel 8:10-12*

El ejército y las estrellas representan a los hijos de Dios, que evidentemente fueron perseguidos por el sistema papal durante gran parte de la edad media (Éxodo 7:3,4, Apocalipsis 1:20). El príncipe es un ser divino, quien no puede ser otro que Cristo Jesús, y el santuario es el Santuario Celestial donde Cristo intercede ahora por nosotros como sumo sacerdote, como iremos viendo a medida que avancemos en el tema. Con respecto al ataque del Santuario Celestial y su servicio, para nadie es un secreto que el papado sustituyó la intercesión de Cristo por "santos" y "vírgenes" y, además de eso, el sistema procura perdonar pecados y, a través de las misas, pretenden sacrificar a Cristo diariamente, como si el sacrificio que realizó Cristo no fuera suficiente (Hebreos 10:11,12). La palabra hebrea que se traduce como "continuo sacrificio" es *tamid* y se debería solo traducir como "continuo". El "continuo" no solo tiene que ver con el sacrificio de Cristo sino con toda la obra intercesora que realiza el Señor en favor de sus hijos.

Para entender cuál fue la verdad que echó por tierra este sistema, según leemos en Daniel 8:12, hay que analizar las tres definiciones bíblicas de la palabra verdad en relación con lo que hizo esta organización en contra de esas verdades.

En primer lugar, Cristo es la verdad, según vemos en Juan 14:6.

*"Jesús le dijo: Yo soy el camino, y la verdad, y la vida; nadie viene al Padre, sino por mí."*

Esta verdad involucra, como vimos, que Cristo, mediante su sacrificio, fue el que nos reconcilió con Dios y no hay otro fuera de él que pueda hacer esa reconciliación. Por medio de la fe en ese sacrificio es que somos salvos.

*"Porque en el evangelio la justicia de Dios se revela por la fe y para fe, como está escrito: Mas el justo por la fe vivirá."* Romanos 1:17

*"Porque hay un solo Dios; y un solo redentor entre Dios y los hombres; Jesucristo hombre."* 1 Timoteo 2:5

*"Y por medio de él reconciliar consigo todas las cosas, así las que están en la tierra como las que están en los cielos, haciendo la paz mediante la sangre de su cruz."* Colosenses 1:20

A pesar de esto, la Iglesia Católica echa por tierra esta verdad de la siguiente manera:

*"Entregando a Pedro y a sus sucesores las llaves del Reino de los Cielos, Cristo les entregó el tesoro de sus méritos y de los méritos de los santos que dependen de los suyos. Los papas pueden sacar de este tesoro para beneficiar a los miembros débiles de la Iglesia con los méritos superabundantes de los santos. Por el sacramento de la Reconciliación, la Iglesia perdona las faltas; mediante las indulgencias paga las deudas que resultan de las faltas."* ECWIKI Enciclopedia Católica online

*"Cualquiera que diga que los pecados son justificados por la fe solamente, como queriendo decir que no se requiere nada más para obtener la gracia de la justificación, que sea anatema (maldito)."* (Canon x,xi) (sexta sesión del concilio de Trento) Nota: Palabra "maldito" añadida entre paréntesis con fines explicativos.

La Palabra de Dios, también nos dicen las Escrituras, es la verdad.

*"Santifícalos en tu verdad; tu palabra es verdad."* Juan 17:17

Sobre las formas en la que la Iglesia Católica ha despreciado esta verdad podemos decir mucho como, por ejemplo, que la Iglesia Católica ha utilizado fuentes poco confiables para la traducción de la Palabra de Dios o que incluyó varios libros y anexos de libros que nunca fueron considerados inspirados o que por siglos tuvo a los feligreses fuera del conocimiento total de las Sagradas Escrituras, etc. Es de destacar también que la Iglesia Católica aparenta reconocer la autoridad del Canon Sagrado, sin embargo, a la par de las Escrituras está lo que ellos llaman La Tradición, que es la transmisión de la verdad mediante el Espíritu Santo al Magisterio de la Iglesia. Esta supuesta revelación, llamada La Tradición, tiene la misma validez de la Biblia, aunque en repetidas ocasiones la contradice.

*"La sagrada Escritura es la palabra de Dios, en cuanto escrita por inspiración del Espíritu Santo. La Tradición recibe la palabra de Dios, encomendada por Cristo y el Espíritu Santo a los Apóstoles, y la transmite integra a sus sucesores; para que ellos, iluminados por el Espíritu de la verdad, la conserven, la expongan y la difundan fielmente en su predicación."* Catecismo de la iglesia católica, numeral 81

*"De ahí resulta que la iglesia, a la cual está confiada la transmisión y la interpretación de la Revelación no saca exclusivamente de la Escritura la certeza de todo lo revelado. Y así las dos se han de recibir y respetar con el mismo espíritu de devoción."* Catecismo de la iglesia católica, numeral 82

Por último, la verdad que también echó por tierra este sistema es la ley de Dios, los diez mandamientos, que han pretendido alterar al quitar algunos de los mandamientos sustituyéndolos con cosas que a ellos les parece.

*"Tu justicia es justicia eterna, y **tu ley la verdad.**"* Salmo 119:142.

Sobre el cambio de los mandamientos, dice el catecismo católico:

*"La división y numeración de los diez mandamientos ha variado en el curso de la historia. El presente catecismo sigue la división de los mandamientos establecida por San Agustín y que ha llegado a ser tradicional en la Iglesia Católica. Es también la de las confesiones luteranas. Los Padres griegos hicieron una división algo distinta que se usa en las iglesias ortodoxas y las comunidades reformadas."* Catecismo de la Iglesia Católica numeral 2066.

Los diez mandamientos, conforme a La Tradición católica, son totalmente diferentes a los estipulados en las Sagradas Escrituras. Comparemos los Diez mandamientos de acuerdo con la Palabra de Dios, con los mandamientos conforme al Catecismo de la Iglesia Católica:

**Diez mandamientos en las Sagradas Escrituras.** (Éxodo 20:1-17, Deuteronomio 5:1-21)

1. No tendrás dioses ajenos delante de mí.
2. No te harás imagen ni ninguna semejanza de lo que está arriba en el cielo ni abajo en la tierra.
3. No tomarás el nombre de Dios en vano.
4. Acuérdate del día sábado para santificarlo.
5. Honra a padre y madre.
6. No matarás.
7. No adulterarás.
8. No robarás.
9. No mentirás.

10. No codiciarás.

**Diez mandamientos de acuerdo con el Catecismo de la Iglesia Católica.**

1. No habrá para ti otros dioses delante de mí.
2. No tomarás el nombre de Dios en vano.
3. Santificarás las fiestas.
4. Honra a tu padre y a tu madre.
5. No matarás.
6. No cometerás actos impuros.
7. No robarás.
8. No dirás falso testimonio ni mentiras.
9. No consentirás pensamientos impuros.
10. No codiciarás los bienes ajenos.

Todo esto hizo el cuerno pequeño y en todo le fue bien, ya que dice Daniel 8:12 que "prosperó".

Todos estos ataques contra el santuario hicieron que alguien se preguntara en Daniel 8:13: *"¿Hasta cuándo durará la visión del continuo sacrificio, y la prevaricación asoladora entregando el santuario y el ejército para ser pisoteados?"* Y la respuesta a la pregunta se da en Daniel 8:14: *"Hasta dos mil trescientas tardes y mañanas; luego el santuario será purificado."*

Ya que durante el dominio de la iglesia católica en la edad media no existía el templo de Jerusalén, quiere decir que el santuario que se contaminó por las cosas que hizo este sistema es el Santuario Celestial. Pero ¿cómo se iba a contaminar el Santuario Celestial por las cosas que hizo el cuerno pequeño sin que Cristo, el verdadero sacerdote, transfiriera esas faltas dentro del santuario a través del perdón? La respuesta a esta pregunta ya la vimos antes.

Todos estos pecados del cuerno pequeño son pecados de rebelión (*pesha*) y esos pecados de rebelión, recordemos, contaminan el santuario automáticamente por no haber expiación disponible para esos pecados.

Y también vale la pena preguntarnos si lo que había de purificarse en el santuario celestial, después de 2300 días ¿eran solo las rebeliones del cuerno pequeño o también los pecados que los hijos de Dios habían cometido y que, a través del perdón, fueron transferidos al santuario celestial? Esta profecía es una alusión directa al día de Yom Kippur y, ya que en ese día se expiaban todos los tipos de transgresiones, en el santuario celestial ocurriría lo mismo.

El gran problema que se presenta en esta visión es que Gabriel no puede terminar de explicar esta profecía a Daniel, pues este primeramente se desmaya y cuando es levantado el ángel no puede darle tantos detalles. La explicación de cuando van a comenzar los 2300 días queda en secreto.

La pregunta que se hace en Daniel 8:13 empieza diciendo: *"¿Hasta cuándo durará la visión...?"* Sabemos que la visión es la visión de Daniel 8 y que esta profecía es para el tiempo del fin (Daniel 8:17) y que además la profecía empieza con el Imperio Medo-Persa y, ya que esto es así, quiere decir que los 2300 días no pueden ser días literales, ya que 2300 días son poco más de 6 años y solo el imperio de los medos y los persas duró 208 años y, por lo tanto, tenemos que usar el método de interpretación de día por año, que es utilizado no solo en la Palabra de Dios sino también en la literatura hebrea antigua. En este caso, entonces, tenemos un periodo de tiempo profético de 2300 años.

En profecía se utiliza comúnmente el término "día" para referirse a años, por ejemplo:

*"₁Tú, hijo de hombre, tómate un adobe, y ponlo delante de ti, y diseña sobre él la ciudad de Jerusalén. ₂ Y pondrás contra ella sitio, y edificarás contra ella fortaleza, y sacarás contra ella baluarte, y pondrás delante de ella campamento, y colocarás contra ella arietes alrededor. ₃ Tómate también una plancha de hierro, y ponla en lugar de muro de hierro entre ti y la ciudad; afirmarás luego tu rostro contra ella, y será en lugar de cerco, y la sitiarás. Es señal a la casa de Israel. ₄ Y tú te acostarás sobre tu lado izquierdo y pondrás sobre él la maldad de la casa de Israel. El número de los días que duermas sobre él, llevarás sobre ti la maldad de ellos. ₅ Yo te he dado los años de su maldad por el número de los días, trescientos noventa días; y así llevarás tú la maldad de la casa de Israel. ₆ Cumplidos éstos, te acostarás sobre tu lado derecho segunda vez, y llevarás la maldad de la casa de Judá **cuarenta días; día por año, día por año te lo he dado.**"* Ezequiel 4:1-6

En algunos casos, como el de Isaías 21:16, se hace una aclaración cuando se está hablando de un año literal en una profecía:

*"Porque así me ha dicho Jehová: De aquí a un año, semejante a años de jornalero, toda la gloria de Cedar será desecha."*

El ángel Gabriel vuelve a Daniel en el capítulo 9 en donde encontramos la profecía de las 70 semanas, más o menos unos once años después, para terminar de explicar la profecía a Daniel.

*"aún estaba hablando en oración, cuando el varón Gabriel, **a quien había visto en la visión al principio**, volando con presteza, vino a mí como a la hora del sacrificio de la tarde."* Daniel 9:21

La última visión de Daniel, y en la que precisamente estaba presente Gabriel, fue la del capítulo 8. Como lo único que quedó por explicar en el capítulo ocho era la fecha de inicio de los 2300 años es evidente que Gabriel, en la profecía de las setenta semanas (490 años, día por año), le va a dar esa información a Daniel y le va a detallar los primeros años de ese periodo.

De acuerdo con Daniel 9:25, las 70 semanas empiezan con un decreto de reconstrucción de la ciudad de Jerusalén, la cual había sido destruida por los babilonios, y ese decreto debía darse en la época de los medos y persas, pues ahí arrancaba la profecía de Daniel capítulo 8.

*"Sabe, pues, y entiende que desde la salida de la orden para restaurar y edificar a Jerusalén hasta el Mesías príncipe, habrá siete semanas, y sesenta y dos semanas; se volverá a edificar la plaza y el muro en tiempos angustiosos."* Daniel 9:25

Básicamente, encontramos tres decretos en el libro de Esdrás que son candidatos para ser la fecha de arranque de la profecía de las 70 semanas.

- ✓ Decreto de Ciro (538 A.C/537 A.C) Esdras 1:2-4.
- ✓ Decreto de Darío (520 A.C) Esdras 6:3-12.
- ✓ Decreto de Artajerjes I (457 A.C) Esdras 7:12-26.

Algunos cuentan como decreto las cartas que pidió Nehemías a Artajerjes I en el año 444 A.C (Nehemías 2:7-9) pero esto no es así ya que no se trató de un decreto real sino de cartas que fueron dirigidas a los gobernadores del otro lado del río Éufrates para que ayudaran a Nehemías en el camino a Jerusalén y le proveyeran madera para los trabajos. Por otro lado, tenemos el problema de que si tomamos el año 444 A.C para hacer el cálculo de la profecía tendríamos que Cristo empezó su ministerio en el año 40 D.C y esta fecha simplemente no cuadra, ya que es muy posterior al regreso de Cristo al cielo.

Pero ¿cuál de los decretos mencionados deberíamos tomar para saber exactamente cuándo empieza la profecía de las setenta semanas?

El primer decreto, el de Ciro, es un decreto que autorizó a los judíos, que así lo desearan, que se devolvieran a Jerusalén para edificar el templo, pero en ningún lugar se menciona la reconstrucción de Jerusalén ni tampoco es un decreto que da a los judíos independencia política, por lo tanto, no debería ser considerado el decreto de arranque de la profecía de las setenta semanas.

El siguiente decreto es el de Darío, sin embargo, este decreto se da en respuesta a una carta de un hombre llamado Tatnai, quien era un gobernador del otro lado del rio Éufrates, que se oponía a los judíos y que cuestionaba si era conveniente que se reconstruyera el templo y se levantaran los muros de Jerusalén. El decreto de Darío es básicamente la reconfirmación del decreto de Ciro y no presenta ninguna novedad en cuanto a lo que realmente nos interesa, que es la reconstrucción de Jerusalén, de manera que tampoco puede ser tomado como el decreto que inicia la profecía de las setenta semanas.

El tercer decreto es el de Artajerjes I quien reinó del 465 A.C hasta el 424 A.C. Este decreto no tiene que ver con la reconstrucción del templo ya que el templo, para esa época, se había reconstruido hacía muchos años atrás. Este decreto les restaura la vida política a los judíos y eso es bastante importante (Esdras 7:25). Es de reconocer, sin embargo, que este decreto no menciona la reconstrucción física de Jerusalén pero cabe destacar que la palabra hebrea que se traduce como "restaurar" *(lehashiv)*, en [3]Daniel 9:25, en varias partes del Antiguo Testamento se usa para referirse también a la restauración política, o civil, de un territorio cuando este se devuelve a sus dueños originales, como acontece en [4]1 Reyes 20:34 y [5]2 Samuel 9:7. De hecho, *"lehashiv"* se puede traducir como restablecer, reconstruir, restaurar, reintegrar, volver a traer, hacer volver, devolver y restituir.

*"Y le dijo Ben-adad: Las ciudades que mi padre tomó al tuyo,* **yo las restituiré** *(ashiv); y haz plazas en Damasco para ti, como mi padre las hizo en Samaria. Y yo, dijo Acab, te dejaré partir con este pacto. Hizo, pues, pacto con él, y le dejó ir."* 1 Reyes 20:34

*"Y le dijo David: No tengas temor, porque yo a la verdad haré contigo misericordia por amor de Jonatán tu padre, y* **te devolveré** *(vahashivotí) todas las tierras de Saúl tu padre; y tú comerás siempre a mi mesa."* 2 Samuel 9:7

El libro de Esdras no es un libro que tiene un orden cronológico y, por eso, en el capítulo 4 encontramos que los judíos tuvieron que detener la obra de reconstrucción de la ciudad de Jerusalén que fue autorizada en la época de Artajerjes I, aunque esta reconstrucción no se menciona en el decreto que aparece en capítulo 7. El hecho de que en Esdras 7:12-26 no se mencione la orden para una reconstrucción física de la ciudad no indica que ese decreto no contemplara esta reconstrucción, ya que el autor como sacerdote se enfocó en las cosas que a él en ese momento le parecían más importantes. Para corroborar esto, basta con ver que el decreto de

---

[3] Ver análisis textual al final de la obra, grupo 2.
[4] Ver análisis textual al final de la obra, grupo 2.
[5] Ver análisis textual al final de la obra, grupo 2.

Ciro, que aparece tanto en el capítulo 1 como en el capítulo 7 de Esdras, tiene dos versiones diferentes y eso no quiere decir que en el documento original no hayan estado juntas las ideas de las dos versiones.

Cabe destacar, sin embargo, que el libro de Nehemías habla categóricamente de la reconstrucción del muro de Jerusalén y de sus puertas. A Nehemías se le da un informe del deplorable estado del muro de Jerusalén que corresponde al periodo posterior en el que Artajerjes I emitió el decreto del año 457 A.C. En Esdras 4 hay una historia parentética, que va del versículo 6 hasta el versículo 23, en donde se relata que, por influencia de los enemigos de los judíos, Artajerjes I dejó sin efecto su mismo decreto hasta que él mismo revisara si las acusaciones que se hacían eran ciertas o no. En Esdras 4:12,13 los que se oponían a la reconstrucción le escriben al rey Artajerjes I lo siguiente:

"$_{12}$*Sea notorio al rey, que los judíos* **que subieron de ti** *a nosotros vinieron a Jerusalén;* **y edifican la ciudad rebelde y mala y levantan los muros y reparan los fundamentos.** $_{13}$ *Ahora sea notorio al rey, que si aquella ciudad fuere* **reedificada, y los muros fueren levantados**, *no pagarán tributo, y el erario de los reyes será menoscabado.*"

Durante el tiempo que la reconstrucción de Jerusalén se mantuvo detenida la infraestructura se deterioró grandemente y esto hizo que Nehemías se atreviera a hablar al rey Artajerjes I para que este le ayudara a reconstruir de nuevo la ciudad.

"*Y dije al rey: Si le place al rey, y tu siervo ha hallado gracia delante de ti, envíeme a Judá, a la ciudad de los sepulcros de mis padres, y* **la reedificaré**." *Nehemías 2:5*

Lo que posteriormente hace el rey Artajerjes I es darle cartas a Nehemías para que los gobernadores del otro lado del río Éufrates ayuden en su empeño a Nehemías y, de esta forma, el decreto que él mismo dio en el año 457 A.C vuelve a activarse.

Como podemos observar, la mejor fecha para el inicio de la profecía de las 70 semanas es el año 457 A.C, pero también podríamos decir que el decreto fue dado en partes y que fue completado con el decreto de Artajerjes en el año 457 A.C.

*"Y los ancianos de los judíos edificaban y prosperaban, conforme a la profecía del profeta Hageo y de Zacarías hijo de Iddo. Edificaron, pues, y terminaron por orden del Dios de Israel, y por mandato de Ciro, de Darío, y de Artajerjes rey de Persia."* Esdras 6:14.

El año 457 A.C es, de hecho, la fecha que coincide perfectamente con la época del ministerio de Cristo. Ya que son setenta semanas, o 490 años, la profecía terminaría en el año 34 D.C. Al hacer el cálculo no debemos olvidar que, debido a que entre el año 1 A.C y el año 1 D.C no hay año cero, debemos añadir un año a la cuenta.

La preocupación principal del profeta, como vemos en Daniel 9:1-19, era Israel y de Israel comienza a hablar Gabriel en Daniel 9:24, diciendo: *"setenta semanas están **determinadas** para tu pueblo"*. La palabra hebrea que se traduce como "determinadas" es *hatak*, que en hebreo antiguo literalmente significa *"cortar"*. Es de entenderse, entonces, que esas 70 semanas, o 490 años, serían cortadas de los 2300 años de Daniel 8:14, en otras palabras, *los primeros cuatrocientos noventa años de la profecía de las setenta semanas son los primeros años de los 2300 años de la profecía de*

*Daniel 8:14,* y están destinados enteramente a Israel con un propósito.

Dios había llamado a Abraham para formar un pueblo, por medio del cual serían benditas **todas** las naciones de la tierra.

*"₁Pero Jehová había dicho a Abram: Vete de tu tierra y de tu parentela, y de la casa de tu padre, a la tierra que te mostraré. ₂ Y haré de ti una nación grande, y te bendeciré, y engrandeceré tu nombre, y serás bendición. ₃ Bendeciré a los que te bendijeren, y a los que te maldijeren maldeciré; **y serán benditas en ti todas las familias de la Tierra.**" Génesis 12:1-3*

Dios no hace acepción de personas.

*"₁₇Porque Jehová vuestro Dios es Dios de dioses y Señor de señores, Dios grande, poderoso y temible, que no hace acepción de personas, ni toma cohecho; ₁₈ que hace justicia al huérfano y a la viuda; que ama también al extranjero dándole pan y vestido. ₁₉ Amaréis, pues, al extranjero; porque extranjeros fuisteis en la tierra de Egipto." Deuteronomio 10:17-19*

Lo que hizo Dios con Israel fue utilizarlo como instrumento de salvación a las otras naciones, ya que a través del linaje de Abraham vendría el Mesías. Ese conocimiento que tenía Abram sería heredado a sus hijos (Ver Génesis 18:17-19) y sus hijos debían compartirlo con los demás, tal y como Cristo lo ordenó a su iglesia. El conocimiento de Dios y el linaje de donde vendría el Mesías era lo que hacía especial a Israel.

Pocos fueron los casos en los que personas de otras religiones y culturas se convirtieron al judaísmo, debido al mal testimonio que los hijos de Israel daban y a la falta de interés de estos por compartir la verdad. Entre los pocos casos sobresale el siguiente:

*"Y en cada provincia y en cada ciudad donde llegó el mandamiento del rey, los judíos tuvieron alegría y gozo, banquete y día de placer. Y muchos de entre los pueblos de la tierra se hacían judíos, porque el temor de los judíos había caído sobre ellos."* Ester 8:17

De Israel y su misión de compartir la luz de la salvación a la humanidad tenemos muchísimos versículos en el Antiguo Testamento.

*"Cantad a Jehová, que habita en Sion;* **publicad entre los pueblos sus obras.***"*  Salmos 9:11

*"Estad quietos, y conoced que yo soy Dios;* **seré exaltado entre las naciones***; enaltecido seré en la tierra."* Salmos 46:10

*"41 Asimismo el extranjero, que no es de tu pueblo Israel, que viniere de lejanas tierras a causa de tu nombre 42 (pues oirán de tu gran nombre, de tu mano fuerte y de tu brazo extendido), y viniere a orar a esta casa, 43 tú oirás en los cielos, en el lugar de tu morada, y harás conforme a todo aquello por lo cual el extranjero hubiere clamado a ti,* **para que todos los pueblos de la tierra conozcan tu nombre y te teman, como tu pueblo Israel***, y entiendan que tu nombre es invocado sobre esta casa que yo edifiqué. 59 Y estas mis palabras con que he orado delante de Jehová, estén cerca de Jehová nuestro Dios de día y de noche, para que él proteja la causa de su siervo y de su pueblo Israel, cada cosa en su tiempo; 60* **a fin de que todos los pueblos de la tierra sepan que Jehová es Dios, y que no hay otro.***"*  1 Reyes 8:41-43,59,60.

"₁Dios tenga misericordia de nosotros, y nos bendiga; haga resplandecer su rostro sobre nosotros; Selah. ₂ **Para que sea conocido en la tierra tu camino, en todas las naciones tu salvación.** ₃ Te alaben los pueblos, oh Dios; todos los pueblos te alaben. ₄ Alégrense y gócense las naciones, porque juzgarás los pueblos con equidad, y pastorearás las naciones en la tierra. Selah. ₅Te alaben los pueblos, oh Dios; todos los pueblos te alaben. ₆ La tierra dará su fruto; nos bendecirá Dios, el Dios nuestro. ₇ Bendíganos Dios, y témanlo todos los términos de la tierra." Salmo 67

"₁₀**Vosotros sois mis testigos**, dice Jehová, y mi siervo que yo escogí, para que me conozcáis y creáis, y entendáis que yo mismo soy; antes de mí no fue formado dios, ni lo será después de mí. ₁₁ Yo, yo Jehová, y fuera de mí no hay quien salve. ₁₂ Yo anuncié, y salvé, e hice oír, y no hubo entre vosotros dios ajeno. Vosotros, pues, sois mis testigos, dice Jehová, que yo soy Dios. ₂₁ **Este pueblo he creado para mí; mis alabanzas publicará.**" Isaías 43:10-12, 21

"₁Ahora pues, oye, Jacob, siervo mío, y tú, Israel, a quien yo escogí. ₈ No temáis, ni os amedrentéis; ¿no te lo hice oír desde la antigüedad, y te lo dije? ₉ **Luego vosotros sois mis testigos**. No hay Dios sino yo. No hay Fuerte; no conozco ninguno." Isaías 44:1,8,9

"₂₂**Mirad a mí, y sed salvos, todos los términos de la tierra, porque yo soy Dios**, y no hay más. ₂₃ Por mí mismo hice juramento, de mi boca salió palabra en justicia, y no será revocada: **Que a mí se doblará toda rodilla, y jurará toda lengua.**" Isaías 45:22,23

"Dice: Poco es para mí que tú seas mi siervo para levantar las tribus de Jacob, y para que restaures el remanente de Israel; **también te di por luz de las naciones, para que seas mi salvación hasta lo postrero de la tierra.**" Isaías 49:6

Sin embargo, dice la Palabra de Dios:

*"Pero mi pueblo no oyó mi voz, e Israel no me quiso a mí." Salmos 81:11*

Esta situación tenía un límite y si Israel no quería dar buenos frutos al Señor, iban a venir otros que si los iban a dar.

*"Fui buscado por los que no preguntaban por mí; fui hallado por los que no me buscaban. Dije a gente que no invocaba mi nombre: Heme aquí, heme aquí." Isaías 65:1*

Juan el Bautista tenía conocimiento de esto y al respecto dijo:

*"₈Haced, pues, frutos dignos de arrepentimiento, ₉ y no penséis decir dentro de vosotros mismos: A Abraham tenemos por padre; porque yo os digo que Dios puede levantar hijos a Abraham aun de estas piedras. ₁₀ Y ya también el hacha está puesta a la raíz de los árboles; por tanto, todo árbol que no da buen fruto es cortado y echado en el fuego." Mateo 3: 8-10*

Las setenta semanas, o 490 años, que Dios tenía determinado para que Israel siguiera siendo el pueblo que llevara la luz al mundo, se cumplirían en el año 34 de nuestra era. Para la época en que Jesús empieza su ministerio, lo que quedaba para que se cumpliera ese plazo era realmente poco. El mensaje de las buenas nuevas debía ser predicado primeramente a los judíos para que estos tomaran su decisión final, y es por eso que tenemos frases de Jesús como las siguientes:

*"₅A estos doce envió Jesús, y les dio instrucciones, diciendo: Por camino de gentiles no vayáis, y en ciudad de samaritanos no*

entréis, ₆ **sino id antes a las ovejas perdidas de la casa de Israel.**" Mateo 10:5,6

Y Jesús, al igual que Juan, también profetizó:

"₅*Entrando Jesús en Capernaum, vino a él un centurión, rogándole,* ₆ *y diciendo: Señor, mi criado está postrado en casa, paralítico, gravemente atormentado.* ₇ *Y Jesús le dijo: Yo iré y le sanaré.* ₈ *Respondió el centurión y dijo: Señor, no soy digno de que entres bajo mi techo; solamente di la palabra, y mi criado sanará.* ₉ *Porque también yo soy hombre bajo autoridad, y tengo bajo mis órdenes soldados; y digo a éste: Ve, y va; y al otro: Ven, y viene; y a mi siervo: Haz esto, y lo hace.* ₁₀ *Al oírlo Jesús, se maravilló, y dijo a los que le seguían: De cierto os digo, que ni aun en Israel he hallado tanta fe.* ₁₁ **Y os digo que vendrán muchos del oriente y del occidente, y se sentarán con Abraham e Isaac y Jacob en el reino de los cielos;** ₁₂ **mas los hijos del reino serán echados a las tinieblas de afuera**; *allí será el lloro y el crujir de dientes.*" Mateo 8: 5-12

A propósito de eso, tenemos una parábola muy interesante en donde Jesús deja en claro lo que hemos venido diciendo:

"₃₃*Oíd otra parábola: Hubo un hombre, padre de familia, el cual* **plantó una viña***, la cercó de vallado, cavó en ella un lagar, edificó una torre, y la arrendó a unos labradores, y se fue lejos.* ₃₄ *Y cuando se acercó el tiempo de los frutos, envió sus siervos a los labradores, para que recibiesen sus frutos.* ₃₅ *Mas los labradores, tomando a los siervos, a uno golpearon, a otro mataron, y a otro apedrearon.* ₃₆ *Envió de nuevo otros siervos, más que los primeros; e hicieron con ellos de la misma manera.* ₃₇ *Finalmente les envió su hijo, diciendo: Tendrán respeto a mi hijo.* ₃₈ *Mas los labradores, cuando vieron al hijo, dijeron entre sí: Este es el heredero; venid,* *matémosle, y apoderémonos de su heredad. ₃₉ Y tomándole, le echaron fuera de la viña, y le mataron. ₄₀ Cuando venga, pues, el señor de la viña, ¿qué hará a aquellos labradores? ₄₁ Le dijeron: A los malos destruirá sin misericordia, y arrendará su viña a otros labradores, que le paguen el fruto a su tiempo. ₄₂ Jesús les dijo: ¿Nunca leísteis en las Escrituras: La piedra que desecharon los edificadores, ha venido a ser cabeza del ángulo. El Señor ha hecho esto, y es cosa maravillosa a nuestros ojos? ₄₃ Por tanto os digo, que el reino de Dios será quitado de vosotros, y será dado a gente que produzca los frutos de él." Mateo 21:33-43*

El padre de familia es Dios y su viña es Israel.

*"Ciertamente **la viña de Jehová de los ejércitos es la casa de Israel**, y los hombres de Judá planta deliciosa suya. Esperaba juicio, y he aquí vileza; justicia, y he aquí clamor." Isaías 5:7*

Dios, a través de sus profetas, una y otra vez mandó sus mensajes a los labradores, o sea los líderes religiosos y políticos, para que la viña diera abundante fruto, pero, los profetas fueron rechazados y hasta asesinados. Al final Dios, el dueño de la viña, envió a su hijo Jesucristo y, como sabemos, también él fue rechazado y asesinado.

La respuesta que se da a la pregunta de Mateo 21:40,41 es contundente:

*"₄₀Cuando venga, pues, el señor de la viña, ¿qué hará a aquellos labradores? ₄₁ Le dijeron: A los malos destruirá sin misericordia, y **arrendará su viña a otros labradores**, que le paguen el fruto a su tiempo."*

En el año 34 D.C muere el primer mártir de la cristiandad, Esteban, seguido a esto Pablo se convierte al cristianismo y empieza la predicación a los gentiles. Lo que Dios siempre había pretendido, que era llevar la salvación hasta lo último de la tierra, se comenzó a dar a partir de esa fecha. A Ananías el Señor le dice, en relación con Pablo:

*"El Señor le dijo: Ve, porque instrumento escogido me es éste, para llevar mi nombre en presencia de los gentiles, y de reyes, y de los hijos de Israel,..."* Hechos 9:15

Otro texto concerniente a lo mismo dice:

*"₄₆Entonces Pablo y Bernabé, hablando con denuedo, dijeron: A vosotros a la verdad era necesario que se os hablase **primero** la palabra de Dios; **mas puesto que la desecháis, y no os juzgáis dignos de la vida eterna, he aquí, nos volvemos a los gentiles.** ₄₇ Porque así nos ha mandado el Señor, diciendo: **Te he puesto para luz de los gentiles**, a fin de que seas para salvación **hasta lo último de la tierra**. ₄₈ Los gentiles, oyendo esto, se regocijaban y glorificaban la palabra del Señor, y creyeron todos los que estaban ordenados para vida eterna."* Hechos 13:46-48

La salvación comenzó a ofrecerse ampliamente a todos los hombres.

*"₆No que la palabra de Dios haya fallado; **porque no todos los que descienden de Israel son israelitas,** ₇ **ni por ser descendientes de Abraham, son todos hijos**; sino: En Isaac te será llamada descendencia. ₈ Esto es: **No los que son hijos según la carne son los hijos de Dios, sino que los que son hijos según la promesa** son contados como descendientes."* Romanos 9:6-8

La profecía de las 70 semanas es la última profecía que incluye a los judíos como nación. Después de esto, contrario a lo que piensan muchos, Israel como nación desaparece de las profecías. La amenaza latente que plantea esta profecía sobre el mismo judaísmo es tan evidente que por mucho tiempo se ha coaccionado a los practicantes de esa religión (so pena de maldición) para que no estudien Daniel 9, lo cual nos demuestra que las autoridades religiosas judías comprenden perfectamente el significado de la profecía, aunque lo eluden.

*"Que los huesos de las manos y los huesos de los dedos se pudran y se descompongan de él si pasa las páginas de Daniel para averiguar el tiempo de Daniel 9:24-27 y que su memoria se pudra de la faz de la tierra para siempre" Ley talmúdica página 78, sección 2, línea 28*

Hemos visto hasta aquí de lo que se habla en Daniel 9:24 cuando se dice: *"Setenta semanas están determinadas para tu pueblo"*. Durante los 490 años de la profecía de las setenta semanas iban a ocurrir otra serie de acontecimientos que se detallan en Daniel 9:24-27.

*1.- "Terminar la prevaricación, y poner fin al pecado, y expiar la iniquidad, para traer la justicia perdurable."*

Como resultado de la muerte de Cristo, y del juicio de los justos, el dominio del mundo se le otorgará a Cristo. Cuando el mundo entero se someta totalmente a Cristo, entonces, se dará la justicia perdurable, y, a pesar de que esto todavía no ocurre, ya Jesús hablaba de eso como una realidad (Mateo 4:17). La justicia, que vendrá con la Segunda Venida de Cristo, es una realidad cuando aceptamos a Jesús en nuestras vidas.

## 2.- *"Sellar la visión y la profecía"*.

Algunos dirán que lo anterior corresponde al cumplimiento de la profecía de las 70 semanas, sin embargo, la frase corresponde más bien a las profecías concernientes al Mesías, que vendría en el transcurso de esos 490 años. De hecho, los antiguos judíos, que descifraron parcialmente la profecía, sabían que las profecías relativas al Mesías estaban por cumplirse en la época del ministerio de Jesús y, por eso, durante esa época aparecieron una serie de falsos mesías que trataron de sacar provecho de la expectativa del pueblo. (Ver Hechos 21:37,38).

En hebreo esta frase dice literalmente: *"sellar visión y profeta"*, sin artículos, y algunos eruditos dicen que también esta frase podría referirse a la visión que tuvo Esteban antes que muriera apedreado, ya que esto literalmente sella la profecía de las setenta semanas.

## 3.- *"Ungir al Santo de los santos"*.

El Mesías es ungido en este periodo. Cristo, el Mesías, por medio del bautismo es ungido por Juan el Bautista.

*"$_{37}$Vosotros sabéis lo que se divulgó por toda Judea, comenzando desde Galilea, después del bautismo que predicó Juan: $_{38}$* **Como Dios ungió con el Espíritu Santo y con poder a Jesús de Nazaret**, *y como éste anduvo haciendo bienes y sanando a todos los oprimidos por el diablo, porque Dios estaba con él."* Hechos 10:37,38

Es interesante que en hebreo "santo de los santos", *Qodesh Qodeshim*, aparece más de 40 veces en el Antiguo Testamento y en cada una de esas veces se refiere al santuario, y no a personas, por lo que también esta frase estaría haciendo alusión, según algunos, al ungimiento del Santuario Celestial cuando Cristo inaugura ese santuario como sacerdote, al final de las setenta semanas cuando asciende al cielo. En todo caso tengamos presente que el santuario era símbolo de Dios entre su pueblo, o sea Dios con nosotros (Isaías 7:14, Mateo 1:23, Isaías 8:13,14, Apocalipsis 21:2,3).

Analicemos los últimos versículos de la profecía de las setenta semanas:

"$_{25}$Sabe, pues, y entiende, que desde la salida de la orden para restaurar y edificar a Jerusalén hasta el Mesías Príncipe, habrá **siete semanas, y sesenta y dos semanas**; se volverá a edificar la plaza y el muro en tiempos angustiosos. $_{26}$ Y después de las sesenta y dos semanas se quitará la vida al Mesías, mas no por sí; y el pueblo de un príncipe que ha de venir destruirá la ciudad y el santuario; y su fin será con inundación, y hasta el fin de la guerra durarán las devastaciones. $_{27}$ Y por **otra semana** confirmará el pacto con muchos; **a la mitad de la semana** hará cesar el sacrificio y la ofrenda. Después con la muchedumbre de las abominaciones vendrá el desolador, hasta que venga la consumación, y lo que está determinado se derrame sobre el desolador." Daniel 9:25-27

Las frases anteriormente resaltadas nos dan las 70 semanas. Las primeras siete semanas son 49 años, que corresponden al tiempo que duró la reconstrucción de Jerusalén y que terminó en el 408 A.C. Las siguientes 62 semanas, o 434 años, nos llevan al año 27 de nuestra era, que es el año del ungimiento o bautismo de Cristo. Hasta aquí tenemos 69 semanas y nos falta una. La última semana, o 7 años, termina en el año 34 de nuestra era y, como vimos, se abre el evangelio a los gentiles. El texto dice que a la mitad de esa semana, o sea en el año 31 de nuestra era, **"cesará** *el sacrificio y la ofrenda";* el sacrificio y la ofrenda cesan ese año pues Cristo muere en la cruz y con su muerte se termina aboliendo la ley ritual.

*"₅₀Mas Jesús, habiendo otra vez clamado a gran voz, entregó el espíritu. ₅₁ Y he aquí, el velo del templo se rasgó en dos, de arriba abajo; y la tierra tembló, y las rocas se partieron."* Mateo 27:50,51

Cristo, a través de su sacrificio nos abrió camino hacia la presencia de Dios. Cristo dejó de ser la ofrenda o víctima, y se convirtió en nuestro sumo sacerdote.

*"Porque sólo hay un Dios, y un solo mediador entre Dios y los hombres, Jesucristo hombre."* 1 Timoteo 2:5

Si bien es cierto, la destrucción de Jerusalén, en el año 70 aproximadamente, no es parte de los 490 años de la profecía de las 70 semanas, este evento igualmente se registra en Daniel 9:26,27. Cristo hablando de la destrucción de Jerusalén, dijo en Mateo 24:15,16:

*"₁₅Por tanto, cuando veáis en el lugar santo la abominación desoladora de que habló el profeta Daniel (el que lee entienda), ₁₆ entonces los que estén en Judea, huyan a los montes."*

Lucas 21:20 describe la "abominación desoladora" con palabras más entendibles.

*"Pero cuando vieres a Jerusalén rodeada de ejércitos, sabed entonces que su **destrucción** ha llegado."*

La destrucción de Jerusalén fue el castigo de los judíos por haber rechazado a Cristo al final del periodo profético de las 70 semanas y, por eso, se menciona este evento en Daniel 9:26,27 sin ser parte del periodo específico de los 490 años de la profecía. Evidentemente, el príncipe que se menciona en Daniel 9:26 es el General Tito, hijo del emperador romano Vespasiano, quien lideró las fuerzas romanas que destruyeron la ciudad y el Templo, tal y como Cristo lo había profetizado en Mateo 24. Más tarde Tito también fue emperador de Roma.

"$_{40}$ *Él respondiendo, les dijo: Os digo que si éstos callaran, las piedras clamarían.* $_{41}$*Y cuando llegó cerca de la ciudad, al verla, lloró sobre ella.* $_{42}$*diciendo: ¡Oh, si también tú conocieses, a lo menos en este tu día, lo que es para tu paz! Mas ahora está encubierto de tus ojos.* $_{43}$*Porque vendrán días sobre ti, cuando tus enemigos te rodearán con vallado, y te sitiarán, y por todas partes te estrecharán,* $_{44}$*y te derribarán a tierra, y a tus hijos dentro de ti, y no dejarán en ti piedra sobre piedra,* **por cuanto no conocieron el tiempo de tu visitación**.*" *Lucas 19:40-44*

*"A lo suyo vino, y los suyos no le recibieron." Juan 1:11*

La profecía de las 70 semanas, o 490 años, termina en el año 34 de nuestra era, sin embargo, recordemos que la profecía completa es de 2300 años. Faltan 1810 años para completar los 2300 años de Daniel 8:14 y eso nos lleva hasta el año 1844 de nuestra era, y específicamente al día 22 de octubre de ese año que, de acuerdo con el calendario judío caraíta, cuya secta sigue el calendario hebreo acorde a las especificaciones del ritual del templo (lunas llenas, maduración de cosechas, etc), era el día de expiación. En esa fecha Cristo comenzó la segunda etapa del sistema de expiación. Ahí empieza el juicio intercesor en favor de los hijos de Dios.

Cuando a Moisés se le habló, acerca de la construcción del santuario terrenal, se le dijo:

Profecía de los 2300 años

Profecía de las 70 semanas (490 años)

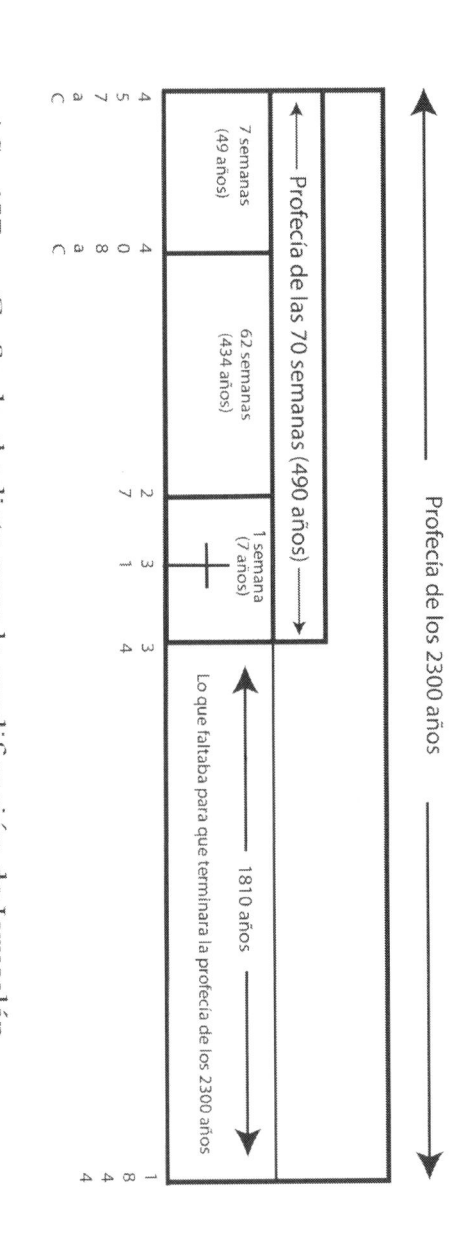

| 7 semanas (49 años) | 62 semanas (434 años) | 1 semana (7 años) |

1810 años — Lo que faltaba para que terminara la profecía de los 2300 años

4  
5  
7  
a  
C

4  
0  
8  
a  
C

2  
7  
1  
3  

3  
4  

1  
8  
4  
4  

Año 457 a.C   Se da el edicto para la reedificación de Jerusalén
Año 408 a.C   Termina la reconstrucción de Jerusalén
Año 27 d.C    Año del ungimiento o bautismo de Cristo
Año 31 d.C    Año de la muerte de Cristo
Año 34 d.C    Año de la muerte de Esteban por lapidación
Año 1844 d.C  Terminan los 2300 años de Daniel 8:14

*"Mira y **hazlos conforme al modelo que te ha sido mostrado en el monte.**" Éxodo 25:40*

Sobre esto, dijo Esteban en Hechos 7:44.

*"Tuvieron nuestros padres el tabernáculo del testimonio en el desierto, como había ordenado Dios cuando dijo a Moisés que **lo hiciese conforme al modelo que había visto.**"*

Según estos dos versículos, lo que hizo Moisés fue solo una copia de algo que ya existía. O sea, que el verdadero santuario no era el terrenal sino el celestial. Hablando de esto el libro de Hebreos dice:

*"₁Ahora bien, el punto principal de lo que venimos hablando es que tenemos tal sumo sacerdote, el cual se sentó a la diestra del trono de la Majestad en los cielos, ₂ **ministro del santuario, y de aquel verdadero tabernáculo que levantó el Señor, y no el hombre.**" Hebreos 8:1,2*

*"Porque no entró Cristo en el santuario hecho de mano, **figura del verdadero**, sino en el cielo mismo para presentarse ahora por nosotros ante Dios." Hebreos 9:24*

La profecía de los 2300 días dice que ese santuario debía ser purificado, pero, si el santuario verdadero está en el cielo ¿tendrá este que purificarse? Sí, y lo que contamina ese santuario es lo mismo que contaminaba el santuario terrenal, o sea, el registro de los pecados que han sido perdonados a los hijos de Dios. Leamos Hebreos 9:23,24.

*"₂₃Fue, pues, necesario que **las figuras de las cosas celestiales fuesen purificadas así; pero las cosas celestiales mismas, con**

***mejores sacrificios*** *que estos.* ₂₄ *Porque no entró Cristo en el santuario hecho de mano,* ***figura del verdadero****, sino en el cielo mismo para presentarse ahora por nosotros ante Dios."*

Recordemos que la limpieza del santuario correspondía a la segunda parte del sistema de expiación del Antiguo Testamento, que tenía que ver con la eliminación del pecado (Día de Expiación o Yom Kippur). Los pecados de Israel quedaban simbólicamente grabados en el velo que separaba el Lugar Santo del Lugar Santísimo y en los altares. A través del velo entraba el sacerdote al lugar santísimo a interceder por todas las faltas que el pueblo había cometido durante el año, para así justificarlos definitivamente delante de Dios. Ese velo representa a Cristo, de acuerdo con Hebreos 10:19,20.

*"₁₉Así que, hermanos, teniendo libertad para entrar en el Lugar Santísimo por la sangre de Jesucristo, ₂₀ por el camino nuevo y vivo que él nos abrió a través del velo, esto es, de su carne."*

La primera etapa de la expiación, o perdón, ya la realizó Jesucristo al morir por nosotros y de hecho todavía la sigue realizando, ya que el perdón todavía es una realidad. Hasta la fecha, todos los pecados perdonados se transfieren al santuario celestial. Cristo murió en la tierra, que es el verdadero atrio, y luego subió al cielo, adonde está el verdadero santuario o templo, y en el lugar santo se presentó no como víctima sino como sacerdote a ofrecer su misma sangre ante el Señor para beneficio de los pecadores y, a través del perfume de su justicia (simbolizado en el altar del incienso), presenta las oraciones de los justos. La sangre ofrecida por Cristo asegura el perdón y la aceptación del Padre pero, a pesar de eso, los pecados perdonados permanecen grabados en los libros del registro celestial.

*"₁₁Mas estando ya presente Cristo, pontífice de los bienes que habían de venir, por el más amplio y más perfecto tabernáculo, no hecho de manos, es a saber, no de esta creación; ₁₂ y no por sangre de machos cabríos ni de becerros, mas por su propia sangre, entró una sola vez en el santuario, habiendo obtenido eterna redención."*
*Hebreos 9:11,12 Reina Valera 1909*

En estos momentos, Cristo está en el cielo intercediendo por cada uno de sus hijos en un juicio que se da ya no en el lugar santo, sino en el lugar santísimo del santuario celestial, tal y como el sacerdote hacía en el lugar santísimo del santuario terrenal, cuando intercedía por la eliminación de los pecados que habían quedado grabados simbólicamente durante todo el año en el velo del templo que dividía el lugar santo del lugar santísimo, y también en los altares, en el día de expiación o Yom Kippur.

Si el arca del pacto (específicamente el propiciatorio), que estaba detrás del velo, simboliza el mismo trono de Dios y si Cristo se sentó a la diestra del Padre (Hebreos 1:3), entonces, ¿qué tan válido es decir que Cristo entró en el Lugar Santísimo hasta 1844?

En primer lugar, diré que sentarse en el trono, en el pensamiento hebreo antiguo, era una cuestión de categoría (2 Crónica 6:3,10) y, por otro lado, es de resaltar que el trono de Dios en Daniel 7, en donde se describe el juicio celestial, tiene ruedas lo que sugiere un tipo de locomoción.

¿Realmente son borrados nuestros pecados en el Juicio Investigador que está llevando a cabo Cristo? o ¿estos se borran cuando los confesamos y pedimos perdón? Los siguientes versículos realmente nos ponen a pensar en el asunto.

*"Yo soy el que borro tus rebeliones por amor de mí mismo, no me acordaré de tus pecados." Isaías 43:25*

*"₁Ten piedad de mí, oh Dios, conforme a tu misericordia; conforme a la multitud de tus piedades borra mis rebeliones. ₉ Esconde tu rostro de mis pecados, y borra todas mis maldades." Salmo 51:1,9*

Estos dos versículos sugieren que Dios borra nuestros pecados cuando los confesamos, pero, Isaías 44:22 nos dice que Dios no solo borraba los pecados de Israel sino que también **redimía al pueblo,** lo cual es sumamente extraño ya que la redención, legalmente hablando, no se había dado pues Cristo todavía no había muerto en la cruz.

*"Yo deshice como una nube tus rebeliones, y como niebla tus pecados; vuélvete a mí, porque yo te redimí."*

La respuesta a estas interrogantes la encontramos en Romanos 4:17, donde dice que Dios llama a las cosas que no son como si fuesen.

*"(como está escrito: Te he puesto por padre de muchas gentes) delante de Dios, a quién creyó, el cual da vida a los muertos, y llama a las cosas que no son, como si fuesen."*

Dios habla de las cosas futuras como si estuvieran en el presente para darle seguridad a su pueblo. La eliminación del registro de los pecados perdonados, en los libros de cada uno de los hijos de Dios, ocurriría en el juicio investigador al final de los 2300 años, sin embargo, Dios ya le daba a su pueblo la certeza de esa eliminación hablando en presente a cada generación.

Este juicio es para todos aquellos que alguna vez hayan profesado el nombre de Cristo (2 Corintios 5:10). Recordemos que el juicio se realizaba en el pueblo que invocaba el nombre de Dios, a través de los sacrificios que representaban a Cristo. Por medio de ese juicio seremos declarados dignos de la vida eterna al ser justificados plenamente delante del Padre mediante la eliminación del registro de nuestros pecados. Cada uno de los pecados, que una vez fueron confesados y perdonados, entran al Santuario Celestial y cada caso, de los que una vez clamaron a Dios por perdón, está siendo analizado para saber si al final este o aquel individuo sometieron sus vidas a la influencia del Espíritu Santo para vencer el pecado. Dios todo lo sabe, pero sus criaturas no. El juicio es para dejar claro al universo que en todo se actuó con justicia y al final cada uno eligió su camino. El juicio para los impíos todavía no ha tenido lugar ya que, como veremos, tendrá su ejecución durante el milenio. El profeta Daniel deja en claro que el primer juicio es el de los hijos de Dios.

*"... hasta que vino el Anciano de días y se dio el juicio a los santos del Altísimo..." Daniel 7:22*

Y Pedro, hablando del juicio de los hijos de Dios dice:

*"Porque es tiempo de que el juicio empiece por la casa de Dios; y si primero comienza por nosotros, ¿Cuál será el fin de aquellos que no obedecen al evangelio de Dios?." 1 Pedro 4:17.*

En forma simbólica, cada uno tendrá que llegar ante el tribunal celestial como lo hizo el sacerdote Josué en Zacarías 3:1-4.

*"₁Me mostró al sumo sacerdote Josué, el cual estaba delante del ángel de Jehová, y Satanás estaba a su mano derecha para acusarle. ₂ Y dijo Jehová a Satanás: Jehová te reprenda, oh Satanás,*

*Jehová que ha escogido a Jerusalén te reprenda. ¿No es éste un tizón arrebatado del incendio? ₃ Y Josué estaba vestido de vestiduras viles, y estaba delante del ángel. ₄ Y habló el ángel y mandó a los que estaban delante de él, diciendo: Quitadle esas vestiduras viles. Y a él le dijo: Mira que he quitado de ti tu pecado, y te he hecho vestir ropas de gala."*

Así como Satanás reclamó el cuerpo de Moisés (Judas 9) también reclama a todos los hijos de Dios como suyos, pero, Cristo los limpió con su sangre y los justifica plenamente durante el juicio, y, por lo tanto, los hace dignos delante de su Padre. "Por gracia sois salvos" dice Pablo en Efesios 2:8.

# Daniel 10

# Miguel el arcángel

La última visión del libro de Daniel va desde el capítulo 10 hasta el capítulo 12 pero por lo extenso del texto se divide en tres capítulos. El capítulo 10 tiene la introducción a la última profecía de Daniel y nos dice que Daniel en el tercer año del reinado de Ciro el persa había estado en ayuno durante tres semanas, que son 21 días. Daniel hace este largo ayuno porque en Jerusalén se estaban dando una serie de problemas que parecían impedir que el decreto de la reconstrucción de Jerusalén, que es el punto de partida de la profecía de las 70 semanas, se llevara a cabo.

Daniel cuando recibe la visión no se encontraba solo, sin embargo, él fue el único que vio lo que sucedió. El propósito de la visión es mostrar que a pesar de todo Dios siempre va a cumplir lo que predice y, además de eso, como veremos en los próximos capítulos a Daniel también se le mostrarán con lujo de detalles los principales acontecimientos que habría desde la época de los medo-persas hasta la venida de Cristo.

Daniel primeramente ve un ser que describe de la siguiente manera:

*"₄Y el día veinticuatro del mes estaba yo a orillas del rio Hidekel. ₅ Y alcé mis ojos y miré, y he aquí un varón estaba vestido de lino, y ceñidos sus lomos de oro de Ufaz. ₆ Su cuerpo era como de berilo, y su rostro parecía un relámpago, y sus ojos como antorchas de fuego, y sus brazos y sus pies como de color de bronce bruñido, y el sonido de sus palabras como el estruendo de una multitud." Daniel 10:4-6*

Como podemos corroborar en Apocalipsis 1:10-15 este ser celestial que se le apareció al profeta Daniel fue el mismo Cristo.

"*₁₀Yo Juan estaba en el Espíritu en el día del Señor, y oí detrás de mí una gran voz como de trompeta, ₁₁ que decía: Yo soy el Alfa y la Omega, el primero y el último. Escribe en un libro lo que ves, y envíalo a las siete iglesias que están en Asia: a Éfeso, Esmirna, Pérgamo, Tiatira, Sardis, Filadelfia y Laodicea. ₁₂ Y me volví para ver la voz que hablaba conmigo; y vuelto, vi siete candeleros de oro. ₁₃ y en medio de los siete candeleros, a uno semejante al <u>Hijo del Hombre</u>, vestido de una ropa que llegaba hasta los pies, y ceñido por el pecho con un cinto de oro. ₁₄ Su cabeza y sus cabellos eran blancos como blanca lana, como nieve, sus ojos como llama de fuego; ₁₅ y sus pies semejantes al bronce bruñido, refulgente como un horno, y su voz como estruendo de muchas aguas."*
Apocalipsis 1:10-15

Todos los demás que estaban con Daniel, a pesar de no haber visto nada, sí presintieron que algo fuera de lo normal estaba sucediendo y huyendo dejaron solo al profeta quien ante semejante visión cayó desmayado, pero estando en el suelo la mano de otro ser celestial lo tocó y lo hizo ponerse en pie poco a poco.

Es interesante notar que este otro ser que no se identifica, pero lo más seguro es que fuera el ángel Gabriel, le dice a Daniel que desde el día en que él se dispuso a entender todas las cosas que estaban sucediendo sus palabras fueron oídas y que en respuesta a su inquietud él había llegado. El ángel le comenta también que durante 21 días el príncipe de Persia se le opuso y estos 21 días son exactamente los días que Daniel estuvo orando y ayunando para que el Señor cumpliera lo que había profetizado acerca de su pueblo.

Notemos que quien se le opone al ángel no es el rey de Persia sino el príncipe de Persia. La palabra que se traduce como príncipe se refiere más bien a alguien que tiene un puesto de muchísima categoría y no al hijo de un rey precisamente. De hecho, un simple mortal no podría oponérsele a un ángel. A quien se nos está describiendo propiamente es al poder que está detrás del imperio persa, o sea Satanás, quien trataba con todas sus fuerzas de que la profecía de las 70 semanas no se llevara a cabo de acuerdo al calendario del Señor. Fue tan fiera la oposición que tuvo el ángel que necesitó de la ayuda del arcángel Miguel para poder controlar la situación.

Claramente el ángel le dice a Daniel que él viene para hacerle saber lo que iba a suceder con el pueblo de Dios hasta el final de los tiempos pero que luego que termine de hablar con él seguiría peleando contra el príncipe de Persia y al terminar con esa lucha, como declarándole el futuro, le dice que deberá pelear contra el príncipe de Grecia.

Para poder entender esta última visión vamos comprender primero la personalidad de Miguel, pues este mismo ser se volverá a presentar en Daniel 12.

Según vemos en Mateo 24:21,22 en el fin de los tiempos va a haber un periodo de angustia tan grande como nunca lo hubo antes, sin embargo, el pueblo de Dios va a ser protegido en el instante de más angustia. A pesar de lo gratificante que resulta esto, no se nos dice quién es el que va a proteger a los hijos de Dios.

"*$_{21}$Porque habrá entonces gran tribulación, cual no la ha habido desde el principio del mundo hasta ahora, ni la habrá. $_{22}$ Y si aquellos días no fuesen acortados, nadie sería salvo, mas por causa de los escogidos, aquellos días serán acortados.*" *Mateo 24:21,22*

Para saber quién es el que va a proteger a los hijos de Dios, en ese momento de prueba y persecución, debemos ir a Daniel 12:1

"*En aquel tiempo se levantará Miguel, el gran príncipe que está de parte de los hijos de tu pueblo; y será tiempo de angustia, cual nunca fue desde que hubo gente hasta entonces, pero en aquel tiempo será libertado tu pueblo, todos los que se hallen escritos en el libro."* Daniel 12:1

Es claro, entonces, que Miguel tendrá un papel protagónico en las últimas etapas de este mundo. Miguel aparece 5 veces en toda la Biblia: tres veces en el Antiguo Testamento, propiamente en el libro de Daniel, y dos veces en el Nuevo Testamento. De estas cinco veces cuatro tienen que ver con eventos del pasado y una vez con un acontecimiento que está todavía en el futuro, sin embargo, este ser aparece muchas veces en la Biblia con diversos nombres y títulos.

El nombre Miguel viene del nombre hebreo Micael que se compone de tres palabras y que significa ¿QUIÉN COMO DIOS?

Ahora bien, todas las veces que aparece Miguel en la Biblia está en batalla contra Satanás para favorecer a los hijos de Dios y en todas las ocasiones él sale triunfante

Algunos de los eventos en los cuales se menciona a Miguel con otro nombre o título vamos a ir viéndolos poco a poco.

En Génesis 32 encontramos el relato de cuando Jacob, después de varios años de haber estado enemistado con su hermano, regresa de nuevo a su tierra. Por supuesto, Jacob tenía temor de que su hermano quisiera vengarse de él por lo que le había hecho y al tener Jacob sus hijos todavía pequeños o muy jóvenes podía ser fácil presa de su hermano.

*"9 Y dijo Jacob: Dios de mi padre Abraham, y Dios de mi padre Isaac, Jehová que me dijiste: Vuélvete a tu tierra y a tu parentela, y yo te haré bien; 10 menor soy que todas las misericordias y que toda la verdad que has usado para con tu siervo; pues con mi cayado pasé este Jordán, y*

*ahora estoy sobre dos campamentos. ₁₁ Líbrame ahora de la mano de Esaú, porque le temo; no venga acaso y me hiera la madre con los hijos." Génesis 32:9-11*

En su desesperación Jacob divide el campamento en partes para no llegar como un grupo unido hasta donde se iba a encontrar con Esaú para, en caso de peligro, no sufrir una calamidad total y después de dejar a sus mujeres y sus hijos en un lugar seguro se fue a dormir solo. Esa noche, sin embargo, dice el relato bíblico que Jacob luchó contra un varón hasta que rayó el alba. Jacob, según vemos en el texto, sabía que este personaje era Dios mismo y trataba de detenerlo para que lo bendijera. Jacob obviamente sabía que no podría contender con el mismo Dios, pero se aferró a la bendición tanto como pudo. Al final este ser descoyuntó el muslo de Jacob con solo tocarlo y luego de eso le cambió el nombre a Jacob por el de Israel ya que había luchado por obtener la bendición del Señor y había logrado su objetivo, pues el nombre Israel significa "El que lucha con Dios" y esto, sin duda, es un gran ejemplo de perseverancia espiritual.

El nombre que le pone Jacob a ese lugar tan especial fue Peniel que significa "Rostro de Dios" ya que según dijo había visto al Señor cara a cara.

*"Y llamó Jacob el nombre de aquel lugar Peniel, porque dijo: Vi a Dios cara a cara, y fue librada mi alma." Génesis 32:30*

A pesar de que Génesis 32 identifica claramente al Señor en este relato el profeta Oseas nos dice que quien estuvo con Jacob aquella noche fue un ángel.

*"Venció al ángel, y prevaleció; lloró, y le rogó; en Bet-el le halló, y allí habló con nosotros." Oseas 12:4*

Como hemos podido comprobar Miguel, en este caso, es el mismo Dios de Israel.

El otro relato es el de Josué 5. En este caso lo que tenemos es un ser que se identifica como el Príncipe del ejército de Jehová, sin embargo, este ser recibe la adoración de Josué sin oponérsele; algo muy extraño ya que en otras partes de las Escrituras vemos que los seres angélicos rehúsan la adoración de los hombres.

*"₁₃Estando Josué cerca de Jericó, alzó sus ojos y vio un varón que estaba delante de él, el cual tenía una espada desenvainada en su mano. Y Josué, yendo hacia él, le dijo: ¿Eres de los nuestros, o de nuestros enemigos? ₁₄ Él respondió: No, mas como Príncipe del ejército de Jehová he venido ahora. Entonces Josué, postrándose sobre su rostro en tierra, le adoró; y le dijo: ¿Qué dice mi Señor a su siervo? ₁₅ Y el Príncipe del ejército de Jehová respondió a Josué: Quita el calzado de tus pies, porque el lugar donde estás es santo. Y Josué así lo hizo." Josué 5:13-15*

Como queda claro, Miguel también es el Príncipe del ejército de Jehová.

El siguiente evento está relacionado con el anterior ya que a Moisés en el relato de la zarza ardiente en Éxodo 3 se le aparece el Ángel de Jehová quién le dice a Moisés lo mismo que le dijo a Josué el Príncipe del ejército de Jehová, que se quitara los zapatos porque el lugar que pisaba era tierra santa. Al Ángel de Jehová posteriormente se le llama, en Éxodo 3:4, Jehová y seguidamente Moisés dice que él tuvo miedo de mirar a Dios. Más adelante Dios le revela el nombre a Moisés y le dice que él es "Yo soy" y este es un título que utiliza Cristo muchas veces a lo largo de su ministerio.

*"Apacentando Moisés las ovejas de Jetro su suegro, sacerdote de Madián, llevó las ovejas a través del desierto, y llegó hasta Horeb, monte de Dios.² Y se le apareció el Angel de Jehová en una llama de fuego en medio de una zarza; y él miró, y vio que la zarza ardía en fuego, y la zarza no se consumía.³ Entonces Moisés dijo: Iré yo ahora y veré esta grande visión, por qué causa la zarza no se quema.⁴ Viendo Jehová que él iba a ver, lo llamó Dios de en medio de la zarza, y dijo: ¡¡Moisés, Moisés! Y él respondió: Heme aquí.⁵ Y dijo: No te acerques; quita tu calzado de tus pies, porque el lugar en que tú estás, tierra santa es.⁶ Y dijo: Yo soy el Dios de tu padre, Dios de Abraham, Dios de Isaac, y Dios de Jacob. Entonces Moisés cubrió su rostro, porque tuvo miedo de mirar a Dios.⁷ Dijo luego Jehová: Bien he visto la aflicción de mi pueblo que está en Egipto, y he oído su clamor a causa de sus exactores; pues he conocido sus angustias,⁸ y he descendido para librarlos de mano de los egipcios, y sacarlos de aquella tierra a una tierra buena y ancha, a tierra que fluye leche y miel, a los lugares del cananeo, del heteo, del amorreo, del ferezeo, del heveo y del jebuseo.⁹ El clamor, pues, de los hijos de Israel ha venido delante de mí, y también he visto la opresión con que los egipcios los oprimen.¹⁰ Ven, por tanto, ahora, y te enviaré a Faraón, para que saques de Egipto a mi pueblo, los hijos de Israel.¹¹ Entonces Moisés respondió a Dios: ¿Quién soy yo para que vaya a Faraón, y saque de Egipto a los hijos de Israel?¹² Y él respondió: Ve, porque yo estaré contigo; y esto te será por señal de que yo te he enviado: cuando hayas sacado de Egipto al pueblo, serviréis a Dios sobre este monte.¹³ Dijo Moisés a Dios: He aquí que llego yo a los hijos de Israel, y les digo: El Dios de vuestros padres me ha enviado a vosotros. Si ellos me preguntaren: ¿Cuál es su nombre?, ¿qué les responderé?¹⁴ Y respondió Dios a Moisés: YO SOY EL QUE SOY. Y dijo: Así dirás a los hijos de Israel: YO SOY me envió a vosotros." Éxodo 3:1-14*

*"Pero Jesús, sabiendo todas las cosas que le habían de sobrevenir, se adelantó y les dijo: ¿A quién buscáis?⁵ Le respondieron: A Jesús nazareno. Jesús les dijo: **Yo soy**. Y estaba también con ellos Judas, el que le entregaba.⁶ Cuando les dijo: **Yo soy**, retrocedieron, y cayeron a tierra."* Juan 18:4-6

Esteban claramente nos dice que quien estuvo con Moisés en el relato de la zarza ardiente fue un ángel.

*"Este es aquel Moisés que estuvo en la congregación en el desierto con el ángel que le hablaba en el monte Sinaí, y con nuestros padres, y que recibió palabras de vida que darnos."* Hechos 7:38

En Éxodo 23:20,21 es interesante ver como el mismo Dios Padre dice que el Ángel que guió a los israelitas por el desierto tiene su mismo nombre.

*"²⁰ He aquí yo envío mi Angel delante de ti para que te guarde en el camino, y te introduzca en el lugar que yo he preparado. ²¹ Guárdate delante de él, y oye su voz; no le seas rebelde; porque él no perdonará vuestra rebelión, porque mi nombre está en él."* Éxodo 23:20,21

Por lo visto hasta aquí tenemos dos Jehová, cosa que también podemos confirmar en Isaías 44:6.

*"⁶ Así dice Jehová Rey de Israel, y su Redentor, Jehová de los ejércitos: Yo soy el primero, y yo soy el postrero, y fuera de mí no hay Dios."* Isaías 44:6

Evidentemente, Jehová, el Padre, es el rey de Israel y nuestro redentor, Jesús, también es Jehová.

A este mismo Ángel lo vemos también en Daniel 3 actuando en favor de los tres muchachos hebreos que son arrojados al foso de los leones y en este caso hay que resaltar que Nabucodonosor lo identifica como Hijo de Dios que es la mejor traducción que se puede hacer de la descripción que da el rey y de hecho es la forma que utilizan algunas versiones de la Biblia. Ahora bien, ¿cómo sabía Nabucodonosor esto? Pues ya Nabucodonosor había tenido suficiente contacto tanto con Daniel como con los demás muchachos hebreos, tal y como lo podemos corroborar en Daniel capítulos 1 y 2.

*"Y él dijo: He aquí yo veo cuatro varones sueltos, que se pasean en medio del fuego sin sufrir ningún daño; y el aspecto del cuarto es semejante a hijo de los dioses." Daniel 3:25*

*"Respondió él y dijo: He aquí que yo veo cuatro varones sueltos, que se pasean en medio del fuego, y ningún daño hay en ellos; y el parecer del cuarto es semejante al **hijo de Dios**." Daniel 3:25, Biblia del jubileo*

A esta cuarta persona que está con los muchachos en el horno de fuego luego Nabucodonosor lo identifica también como un ángel.

*"Entonces Nabucodonosor dijo: Bendito sea el Dios de ellos, de Sadrac, Mesac y Abed-nego, que envió su ángel y libró a sus siervos que confiaron en él, y que no cumplieron el edicto del rey, y entregaron sus cuerpos antes que servir y adorar a otro dios que su Dios." Daniel 3:28*

Cristo es el verdadero Hijo de Dios y también nosotros podemos ser sus hijos mediante la adopción.

*" [4] Pero cuando vino el cumplimiento del tiempo, Dios envió a su Hijo, nacido de mujer y nacido bajo la ley,[5] para que redimiese a los que estaban bajo la ley, a fin de que recibiésemos la adopción de hijos.[6] Y por cuanto sois hijos, Dios envió a vuestros corazones el Espíritu de su Hijo, el cual clama: !Abba, Padre![7] Así que ya no eres esclavo, sino hijo; y si hijo, también heredero de Dios por medio de Cristo." Gálatas 4:4-7*

Al principio de este tema vimos las dos primeras menciones directas de Miguel en la Biblia de las 5 que existen y que se encuentran en Daniel 10:13 y Daniel 10:20,21. En la primera se dice que Miguel ayudó al ángel que conversaba con Daniel en su lucha contra el príncipe de Persia y en la segunda ocasión el mismo ángel le indica a Daniel que el único que le ayuda y ayudará contra el príncipe de Persia en su momento y contra el príncipe de Grecia es Miguel.

*"Mas el príncipe del reino de Persia se me opuso durante veintiún días; pero he aquí Miguel, uno de los principales príncipes, vino para ayudarme, y quedé allí con los reyes de Persia."* Daniel 10:13

*"20 El me dijo: ¿Sabes por qué he venido a ti? Pues ahora tengo que volver para pelear contra el príncipe de Persia; y al terminar con él, el príncipe de Grecia vendrá.21 Pero yo te declararé lo que está escrito en el libro de la verdad; y ninguno me ayuda contra ellos, sino Miguel vuestro príncipe."* Daniel 10:20,21

La tercera referencia tiene que ver con la batalla que hubo entre Miguel y Satanás en el instante de la resurrección de Moisés y esto nos indica que Miguel tiene poder sobre la muerte. En Deuteronomio 34:5,6 no hay evidencia de la resurrección de Moisés, sin embargo, Moisés si resucitó pues Moisés aparece en el relato de la transfiguración.

*"Pero cuando el arcángel Miguel contendía con el diablo, disputando con él por el cuerpo de Moisés, no se atrevió a proferir juicio de maldición contra él, sino que dijo: El Señor te reprenda."* Judas 9

*"5 Y murió allí Moisés siervo de Jehová, en la tierra de Moab, conforme al dicho de Jehová.6 Y lo enterró en el valle, en la tierra de Moab, enfrente de Bet-peor; y ninguno conoce el lugar de su sepultura hasta hoy."* Deuteronomio 34:5,6

"*²⁸ Aconteció como ocho días después de estas palabras, que tomó a Pedro, a Juan y a Jacobo, y subió al monte a orar. ²⁹ Y entre tanto que oraba, la apariencia de su rostro se hizo otra, y su vestido blanco y resplandeciente. ³⁰ Y he aquí dos varones que hablaban con él, los cuales eran Moisés y Elías;" Lucas 9:28-30*

"*No obstante, reinó la muerte desde Adán hasta Moisés, aun en los que no pecaron a la manera de la transgresión de Adán, el cual es figura del que había de venir.*" Romanos 5:14

La cuarta referencia a Miguel es la que vemos en Apocalipsis 12:7-11 y tiene que ver con la batalla que lideró Miguel contra Satanás y sus ángeles para expulsarlos del cielo una vez que Satanás fue vencido por Cristo en la cruz del calvario.

"*⁷ Después hubo una gran batalla en el cielo: Miguel y sus ángeles luchaban contra el dragón; y luchaban el dragón y sus ángeles; ⁸ pero no prevalecieron, ni se halló ya lugar para ellos en el cielo. ⁹ Y fue lanzado fuera el gran dragón, la serpiente antigua, que se llama diablo y Satanás, el cual engaña al mundo entero; fue arrojado a la tierra, y sus ángeles fueron arrojados con él. ¹⁰ Entonces oí una gran voz en el cielo, que decía: Ahora ha venido la salvación, el poder, y el reino de nuestro Dios, y la autoridad de su Cristo; porque ha sido lanzado fuera el acusador de nuestros hermanos, el que los acusaba delante de nuestro Dios día y noche. ¹¹ Y ellos le han vencido por medio de la sangre del Cordero y de la palabra del testimonio de ellos, y menospreciaron sus vidas hasta la muerte.*" Apocalipsis 12:7-11

Como pudimos comprobar, todas estas referencias directas con el nombre de Miguel están en el pasado. La última referencia que se encuentra en Daniel 12:1 y que todavía está en el futuro tiene que ver con la liberación de los hijos de Dios al final del tiempo de angustia.

*"En aquel tiempo se levantará Miguel, el gran príncipe que está de parte de los hijos de tu pueblo; y será tiempo de angustia, cual nunca fue desde que hubo gente hasta entonces; pero en aquel tiempo será libertado tu pueblo, todos los que se hallen escritos en el libro."* Daniel 12:1

Tal cual vimos cuando estudiamos Apocalipsis 13, la primera y segunda bestia la emprenderán contra los hijos de Dios y es llamativo el hecho de que contrario a lo que significa el nombre de Miguel, ¿QUIÉN COMO DIOS? La gente de la tierra dice de la bestia: *¿Quién como la bestia, y quién podrá luchar contra ella?*

*"³ Vi una de sus cabezas como herida de muerte, pero su herida mortal fue sanada; y se maravilló toda la tierra en pos de la bestia,⁴ y adoraron al dragón que había dado autoridad a la bestia, y adoraron a la bestia, diciendo: ¿Quién como la bestia, y quién podrá luchar contra ella?"* Apocalipsis 13:3,4

En cuanto a la victoria total sobre los poderes que oprimirán a los hijos de Dios, nos dice Apocalipsis 17:14.

*"Pelearán contra el Cordero, y el Cordero los vencerá, porque él es Señor de señores y Rey de reyes; y los que están con él son llamados y elegidos y fieles."* Apocalipsis 17:14

Los textos que terminan por confirmarnos que Jesús es el arcángel Miguel son los textos que vienen a continuación en donde un mismo personaje, pero con diferente título libra al pueblo de Dios en el momento más crítico de la historia.

*" En aquel tiempo se levantará <u>Miguel</u>, el gran príncipe que está de parte de los hijos de tu pueblo; y será tiempo de angustia, cual nunca fue desde que hubo gente hasta entonces; pero en aquel tiempo será*

*libertado tu pueblo, todos los que se hallen escritos en el libro.² Y muchos de los que duermen en el polvo de la tierra serán despertados, unos para vida eterna, y otros para vergüenza y confusión perpetua.³ Los entendidos resplandecerán como el resplandor del firmamento; y los que enseñan la justicia a la multitud, como las estrellas a perpetua eternidad."* Daniel 12:1-3

*"¹⁵ Por lo cual os decimos esto en palabra del Señor: que nosotros que vivimos, que habremos quedado hasta la venida del Señor, no precederemos a los que durmieron.¹⁶ Porque el <u>Señor</u> mismo con voz de mando, con <u>voz de arcángel</u>, y con trompeta de Dios, descenderá del cielo; y los muertos en Cristo resucitarán primero.¹⁷ Luego nosotros los que vivimos, los que hayamos quedado, seremos arrebatados juntamente con ellos en las nubes para recibir al Señor en el aire, y así estaremos siempre con el Señor."* 1 Tesalonicenses 4:15-17

Hay que tener claro que Cristo <u>no es un ser angelical, ni un ser creado, Él es Dios</u>. El término ángel, tanto en griego como en hebreo, significa mensajero e incluso en algunas partes de Apocalipsis los mismos hombres son representados como ángeles en el sentido de que tienen un mensaje que llevar al mundo. Por último, el único arcángel es Miguel contrario a lo que predica la tradición católica y el término significa literalmente *jefe de los ángeles o el que manda a los ángeles* y de ahí que Miguel también se presenta como Príncipe del ejército de Jehová.

# Daniel 11

# El rey del norte

En el estudio del capítulo de Daniel 11 vamos a enfocarnos en el rey del norte y para comprenderlo casi que debemos ir analizando versículo por versículo ya que son muchísimos los detalles históricos que encierra este capítulo. Bien se puede decir que Daniel 11 junto con la serie de las trompetas de Apocalipsis son las porciones proféticas más complicadas de descifrar debido a su alto contenido simbólico.

Conforme avancemos el estudio nos daremos cuenta que son muchos los reinos que se describen como el rey del norte y que el poder que vence al rey del norte vigente es al que se le llamará luego rey del norte.

El verdadero rey del norte es Dios (Isaías 14:13 y Salmo 48) y, por lo tanto, quién se proclame rey del norte está suplantando el lugar que le corresponde a Dios. Los puntos cardinales que representan a Dios, en profecía, son el oriente y el norte.

*"Tú que decías en tu corazón: Subiré al cielo; en lo alto, junto a las estrellas de Dios, levantaré mi trono, y en el monte del testimonio me sentaré, a los lados del norte." Isaías 14:13*

*"₁Grande es Jehová, y digno de ser en gran manera alabado en la ciudad de nuestro Dios, en su monte santo. ₂ Hermosa provincia, el gozo de toda la tierra; es el monte de Sion, a los lados del norte; la ciudad del gran Rey." Salmo 48:1,2*

*"Y yo mismo, en el año primero de Darío el medo, estuve para animarlo y fortalecerlo." Daniel 11:1.*

Este versículo está todavía fuertemente conectado con el último versículo de Daniel 10 donde el ángel que aquí se presenta como "yo mismo" explicó al profeta Daniel la cooperación que le daba Miguel, el príncipe de Israel (Daniel 10:21).

El Señor en favor de los intereses del pueblo de Dios, mediante la intervención angélica, transformó la hostilidad de Persia hacia Israel en amistad y solidaridad.

*"Y ahora yo te mostraré la verdad. He aquí que aún habrá tres reyes en Persia, y el cuarto se hará de grandes riquezas más que todos ellos; y al hacerse fuerte con sus riquezas, levantará a todos contra el reino de Grecia." Daniel 11:2.*

El versículo nos enseña que tras Ciro (el corregente de Darío) habría todavía otros cuatro reyes en Persia. Destaca que el cuarto tendrá grandes riquezas y levantará a todos contra Grecia.

1. Cambises II (hijo de Ciro) reinó del 530 a.C. al 522 a.C. Él mató a su hermano para asegurarse el trono. Entonces atacó y conquistó Egipto. Durante su retorno se enteró que un hombre fingía ser su hermano y que ese hombre, llamado Esmerdis o Bardija, había tomado el trono.

2. Esmerdis o Bardija reinó algunos meses en el año 522 a.C. Era un impostor que llegó a conocerse en la historia como "Esmerdis falso". Una vez al corriente de estos hechos, Cambises II emprendió la marcha desde Egipto contra el usurpador y este, al comprobar que no le quedaban esperanzas para su causa, acabó suicidándose.

3. Darío I Histaspes (el Persa), reinó del 522 a.C. al 486 a.C. Era aquel rey que emitió el segundo decreto respecto al retorno de los judíos a su tierra natal con el fin de reconstruir a Jerusalén.

4.Acerca del cuarto rey dice la profecía que *"se hará de grandes riquezas más que todos ellos; y al hacerse fuerte con sus riquezas, levantará a todos contra el reino de Grecia."*

Este rey fue Jerjes (hijo de Darío I), conocido en la Biblia con su nombre hebreo "Asuero", reinó del 486 a.c. al 465 a.c. Este fue el rey que se casó con Ester. Jerjes era un rey muy rico que reunió un gran ejército para atacar a Grecia. La profecía dice que *"levantará a todos contra el reino de Grecia"*. La predicción no exageró, pues según el historiador Heródoto *"El grueso de todo el ejército en la reseña ascendió a un millón setecientos mil hombres"*. Tras dos años de invasión, que en la historia recibió el nombre de Segunda Guerra Médica, su ataque falló, pues fue derrotado por los griegos y tuvo que regresar a Persia.

*"Se levantará luego un rey valiente, el cual dominará con gran poder y hará su voluntad." Daniel 11:3.*

Un siglo y medio después de la invasión persa del tiempo de Jerjes vino la venganza griega por medio de Alejandro Magno, quién derrotó completamente a los persas. La profecía describe a Alejandro Magno como un rey valiente que se levanta y domina con gran poder haciendo su voluntad. Alejando Magno levantó un inmenso Imperio que abarcó la mayor parte del mundo habitable entonces conocido. A los 33 años Alejandro Magno muere prematuramente.

*"Pero cuando se haya levantado, su reino será quebrantado y repartido hacia los cuatro vientos del cielo; no a sus descendientes, ni según el dominio con que él dominó; porque su reino será arrancado, y será para otros fuera de ellos." Daniel 11:4.*

A la muerte de Alejandro Magno su reino fue dividido en cuatro partes. Ya vimos esta división en las profecías anteriores. En Daniel 7:6 mediante la simbología del "leopardo" con sus cuatro cabezas y en Daniel 8:8 mediante la simbología de los cuatro cuernos del "macho cabrío". Ahora esta división del Imperio Griego se presenta mediante la simbología de los cuatro vientos. La profecía de Daniel 11 aumenta un detalle respecto a la repartición del Imperio de Alejandro Magno, diciendo *"no [será] a sus descendientes... será para otros"*, pues todos los posibles herederos de su reino fueron asesinados, siendo estos su medio hermano Felipe que era retardado mental, y su hijo quien era todavía un bebé.

Tras la muerte de Alejandro Magno hubo una etapa como de 20 años de duras luchas entre los generales por tomar control del reino. Finalmente quedaron solo aquellos cuatro que se impusieron y en los cuales la profecía se centra. Estos fueron Casandro, Seleuco, Lisímaco y Ptolomeo quienes se dividieron finalmente el reino de la siguiente manera:

Casandro se quedó con Macedonia y Grecia al occidente. Seleuco se quedó con Siria y el resto del dominio del oriente. Lisímaco se quedó con Tracia, Bitinia y partes de Asia al norte. Ptolomeo se quedó con Egipto, Libia, Arabia y Palestina.

***"Y se hará fuerte el rey del sur; mas uno de sus príncipes será más fuerte que él, y se hará poderoso; su dominio será grande." Daniel 11:5.***

"El rey del sur" que "se hará fuerte" es Ptolomeo. Pero el versículo menciona que "uno de sus príncipes" (uno de los que fueron generales de Alejandro Magno) "será más fuerte que él", es decir más fuerte que Ptolomeo. Ese príncipe fue Seleuco. La historia revela que hubo conflictos entre Casandro, Lisímaco y Seleuco. Casandro fue vencido por Lisímaco quien a su vez fue vencido por Seleuco. De esta manera Seleuco quedó como único soberano del norte. Acerca de Seleuco dice que "será más fuerte que él [Ptolomeo, el rey del sur], y se hará poderoso; su dominio será grande". Y no es de sorprenderse, pues al absorber los territorios de Casandro y Lisímaco, ocupó finalmente tres cuartas partes del antiguo dominio de Alejandro Magno. Así Seleuco llegó a ser más poderoso y grande que Ptolomeo, que tenía un territorio que abarcaba tan solo una cuarta parte del antiguo dominio de Alejandro Magno.

Así que ahora solo quedaron dos:

- El rey de norte (Seleuco I Nicátor) - Su Dinastía fue conocido como "los seleúcidas". Su reinado fue dirigido desde Babilonia.

- El rey del sur (Ptolomeo I Soter) - Su Dinastía fue conocido como "los ptolomeos" Su reinado fue dirigido desde Egipto.

*"Al cabo de años harán alianza, y la hija del rey del sur vendrá al rey del norte para hacer la paz. Pero ella no podrá retener la fuerza de su brazo, ni permanecerá él, ni su brazo; porque será entregada ella y los que la habían traído, asimismo su hijo, y los que estaban de parte de ella en aquel tiempo."* **Daniel 11:6**

Este versículo relata con siglos de anticipación un drama familiar con lujo de detalles que se desarrolló alrededor del año 250 a.C. Entre el reino del norte y el reino del sur hubo guerras, pero algunos años después hicieron alianza. Este tratado de paz involucraba a Berenice "la hija del rey del sur" quien en aquel entonces era Ptolomeo Filadelfo de Egipto. Ella "fue al rey del norte para hacer la paz" mediante un tratado de matrimonio. Pero el rey del norte, llamado Antíoco II Teos ya estaba casado. Su esposa se llamaba Laodice. Así fue que el rey del norte se divorció de su esposa y se casó con la hija del rey del sur.

"Pero ella no podrá retener la fuerza de su brazo" en otras palabras, Berenice no pudo retener el poder con su esposo Antíoco, rey del norte. Aunque les nació un hijo ("su brazo"), que debía ser el próximo rey y continuar la línea real, Antíoco no estaba feliz. Cuando murió Ptolomeo Filadelfo, el padre de Berenice, Antíoco se divorció de Berenice y se volvió a casar con Laodice. Las Sagradas Escrituras predicen el dramático desenlace de esta alianza al decir que *"ni permanecerá él, ni su brazo; porque será entregada ella y los que la habían traído, asimismo su hijo, y los que estaban de parte de ella en aquel tiempo."* Laodice era para entonces una dama amargada que buscaba la venganza e hizo asesinar a su esposo Antíoco (*"él"*), a Berenice (*"ella"*), sus acompañantes (*"los que la habían traído"*), su hijo (*"su brazo"*), y a *"los que estaban de parte de ella en aquel tiempo"*, que eran sus servidores y asistentes.

Tras estos eventos, Seleuco II Calínico, hijo mayor de Laodice, tomó el trono del reino del norte. Pero el drama no terminó ahí.

***"Pero un renuevo de sus raíces se levantará sobre su trono, y vendrá con ejército contra el rey del norte, y entrará en la fortaleza, y hará en ellos a su arbitrio, y predominará." Daniel 11:7.***

Este *"renuevo de sus raíces"* que se levantó sobre el trono del reino del sur era Ptolomeo III Evergetes, el hermano de Berenice, quién decidió vengar el asesinato de su hermana y de su sobrino. Así fue que atacó al rey del norte, quien en aquel entonces era Seleuco II Calínico, invadiendo Siria y llegando hasta Babilonia. Ahí Ptolomeo III mató a Laodice y saqueó el reino del norte.

***"Y aun a los dioses de ellos, sus imágenes fundidas y sus objetos preciosos de plata y de oro, llevará cautivos a Egipto; y por años se mantendrá él contra el rey del norte." Daniel 11:8.***

El gran botín que se llevó fue de 40.000 talentos de plata. Además, rescató 2.500 imágenes de dioses egipcios, que durante tantos años habían estado fuera de Egipto. Dichos ídolos habían sido robados por el rey Persa Cambises II (hijo de Ciro) quien había conquistado en su época Egipto. Por esa recuperación heroica de los ídolos egipcios a Ptolomeo III le pusieron el sobrenombre de "Evergetes" que significa "el bienhechor".

El versículo dice además que *"por años se mantendrá él contra el rey del norte"* y en el verso 7 esto se describe con las siguientes palabras *"entrará en la fortaleza* (del norte), *y hará en ellos a su arbitrio, y predominará"*. Ptolomeo III Evergetes habría conquistado mucho más si no se hubiera tenido que volver a Egipto para sofocar una sedición. De todas maneras, dejó atrás una parte de sus tropas que custodiaron por algún tiempo más el reino del norte y con sus naves egipcias dominaba el Mediterráneo Oriental.

*"Así entrará en el reino el rey del sur, y volverá a su tierra."* **Daniel 11:9.**

Respecto a este versículo hay dos posibles interpretaciones.

1. En la primera interpretación, el versículo se refiere simplemente al retorno de Ptolomeo III, que vuelve como héroe al sur, y es nombrado "Evergetes", el benefactor.

2. En la segunda interpretación, el versículo se refiere a Seleuco II Calinico quien trató de vengar la incursión del rey del sur en su territorio. Pero su ejército es derrotado y su armada destruida. El rey del norte vuelve a su tierra cubierto de sangre y con las manos vacías.

*"Mas los hijos de aquél se airarán, y reunirán multitud de grandes ejércitos; y vendrá apresuradamente e inundará, y pasará adelante; luego volverá y llevará la guerra hasta su fortaleza."* **Daniel 11:10.**

Con la invasión exitosa y el saqueo del reino del norte, llevado a cabo por el rey del sur, Ptolomeo III Evergetes, "los hijos" del rey del norte "se airaron" buscando venganza. Preste atención que el versículo inicia en plural hablando de "los hijos" que fueron Seleuco III Cerauno y su hermano Antíoco III Magno. El mayor de ellos, Seleuco III Cerauno demostró tres años de incompetencia en los preparativos para la guerra contra el sur y sus generales frustrados lo envenenaron. Su hermano menor Antíoco tomó las riendas y formó un ejército poderoso para invadir Egipto. A partir de ese momento, cuando ya se describe la invasión al sur, el versículo se expresa en singular, refiriéndose a Antíoco III quien llegó a ser un gobernante de gran importancia. Por eso recibió en la historia el nombre de "Magno" (grande).

Tras una tregua en la cual negociaron la paz, aunque continuaron preparándose para la guerra, Antíoco III Magno derrotó a Egipto y recuperó el puerto marítimo de Seleucia, la provincia de Celisiria y las ciudades de Tiro y Tolemaida. Finalmente volvió a su fortaleza del norte en Siria.

*"Por lo cual se enfurecerá el rey del sur, y saldrá y peleará contra el rey del norte; y pondrá en campaña multitud grande, y toda aquella multitud será entregada en su mano." Daniel 11:11.*

"El rey del sur" Ptolomeo IV Filopator se enfurece y sale a pelear contra el rey del norte Antíoco III Magno quien pone en campaña una gran multitud que cae en manos del rey del sur. Esto ocurrió el 22 de junio del año 217 a.C. durante la desastrosa batalla de Rafia en la frontera entre Egipto y Palestina. En cada lado se enfrentaron unos 70 mil infantes y 5 mil jinetes. A parte de eso los egipcios del sur contaban con 73 elefantes adiestrados y los sirios del norte con 102 elefantes adiestrados para la guerra. En esta batalla el rey del norte fue derrotado.

*"Y al llevarse él la multitud, se elevará su corazón, y derribará a muchos millares; mas no prevalecerá." Daniel 11:12.*

Tras la victoria sobre el rey del norte el corazón de Ptolomeo IV Filopator se enorgulleció. La historia nos cuenta que el rey se llenó de soberbia e hizo celebrar eufóricas procesiones en todas las provincias conquistadas en su retorno a Egipto. La profecía dice que con su corazón elevado *"derribará a muchos millares; mas no prevalecerá"*. Esos muchos millares que derribó fueron los judíos contra los cuales se desencadenó su ira pues al llegar a Jerusalén quiso ofrecer sacrificios a Dios en un acto blasfemo e inclusive intentó entrar en el Lugar Santísimo del templo a pesar de las protestas y ruegos de los judíos a cargo.

La profecía del versículo termina diciendo acerca de Ptolomeo IV Filopator *"mas no prevalecerá"*. Finalmente, Ptolomeo Filopator murió inesperadamente a causa de su intemperancia. Dicen los historiadores que se emborrachaba con frecuencia. Filopator murió a sus 41 años de edad. Algunos dicen que fue por causa de sus vicios y otros porque fue asesinado. El hecho de su muerte fue ocultado durante bastante tiempo por sus ministros.

*"Y el rey del norte volverá a poner en campaña una multitud mayor que la primera, y al cabo de algunos años vendrá apresuradamente con gran ejército y con muchas riquezas." Daniel 11:13.*

Este versículo nos revela que "al cabo de algunos años" el rey del norte, Antíoco III Magno, volvió al problema de Egipto. Fue tras 14 años de paz que Antíoco movilizó un ejército mayor que aquel con el cual había perdido en la batalla de Rafia (del versículo 11). Esta vez Antíoco tuvo éxito. La batalla entró en los anales de la historia con el nombre de "La batalla de Panio" y se peleó en el año 198 a.C. Para aquel entonces Ptolomeo Filopator ya había muerto y su hijo Ptolomeo V Epífanes de tan solo 5 años, le había sucedido en el trono. Como resultado de esta batalla, el territorio de los judíos cambió de dueño. Judea que antes había sido vasallo del rey del sur vino a ser provincia del reinado del norte.

Hasta aquí casi todas las interpretaciones son unánimes. Pero a partir de acá hasta el versículo 35, e inclusive el 45, los preteristas aplican toda la descripción al rey Antíoco Epífanes IV de la dinastía Seléucida, como prototipo del anticristo del futurismo. A medida que avancemos en el estudio de Daniel 11 veremos que esta interpretación es bíblicamente insostenible y completamente incorrecta. Descubriremos paso a paso, versículo tras versículo, la verdadera historia que se esconde en la descripción de este impresionante capítulo.

*"En aquellos tiempos se levantarán muchos contra el rey del sur; y hombres turbulentos de tu pueblo se levantarán para cumplir la visión, pero ellos caerán." Daniel 11:14.*

Al decir *"en aquellos tiempos"*, Dios coloca los eventos descritos en este versículo en el contexto del versículo anterior, que describía los ataques de Antíoco III Magno contra Egipto, en el tiempo cuando el rey del sur era extremadamente vulnerable. Recordemos que reinaba un niño de tan solo cinco años, llamado Ptolomeo V Epífanes.

Aprovechando estas ventajas se levantaron muchos contra el rey del sur, entre los que encontramos los siguientes:

- Antíoco III Magno, con sus tropas sirias del reino del norte, que deseaba conquistar Egipto. Para alcanzar su objetivo estableció una alianza secreta con el Rey Felipe V de Macedonia para dividirse con él Egipto.

- Además hubo problemas internos en Egipto. El tutor del niño rey, llamado Agatocles, gobernaba en su nombre y deseaba usurpar el trono y por tratar este a los egipcios arrogantemente se levantaron en rebelión contra su rey niño.

- Otros que se levantaron contra el rey del sur fueron los judíos que previamente habían estado bajo el control de Egipto y que ahora habían sido "liberados" por el rey del norte. Recordemos el trato que habían recibido por parte de Ptolomeo IV Filopator (versículo 12). Como estado religioso judío habían recibido de parte de Antíoco III derechos especiales.

La Palabra de Dios predice al final de este versículo el destino de estos *"muchos"* que se levantaron en aquel entonces contra el rey del sur con la frase *"pero ellos caerán"*. Estas palabras ya nos dan a entender que todos ellos fallaron en su intento de tomar el reino del sur.

El versículo 14 sigue diciendo que en aquellos tiempos cuando muchos se levantaron contra el rey del sur, *"hombres turbulentos de tu pueblo se levantarán para cumplir la visión, pero ellos caerán."* Lamentablemente casi todos los traductores bíblicos han escogido en su traducción el significado errado que no concuerda con el contexto histórico y profético, diciendo que se trata de judíos violentos dentro del pueblo hebreo. Pero la interpretación correcta es que se refiere a aquellos que destruyen el pueblo hebreo Es decir hombres turbulentos, violentos, disipadores que quebrantan el pueblo hebreo como se aprecia mejor en la siguiente traducción.

*"Y en esos tiempos muchos se levantarán contra el rey del sur, y los hijos de los saqueadores de tu pueblo, se exaltarán a sí mismos para establecer la visión y ellos fracasarán."* Daniel 11:14 Biblia Kadosh

El versículo en cuestión dice que "los destructores de tu pueblo (los romanos) se levantarán". La expresión "se levantarán" se refiere al surgimiento de un Imperio, en este caso del Imperio Romano. La misma expresión "se levantará luego un rey valiente..." la utilizó el ángel para describir a Daniel el surgimiento del Imperio Griego mediante Alejandro Magno.

Acerca de Roma el versículo dice además que se levanta *"para cumplir la visión"*, pues con Roma, como cuarta y última potencia de la secuencia profética (tras Babilonia, Medo-Persia y Grecia) se cumple la visión o la profecía. No solamente en Daniel sino en todas las profecías de Apocalipsis la última potencia de la secuencia, antes del retorno de Jesucristo, es Roma. Tengamos presente que el imperio romano sufre una transformación que va de la Roma Imperial a la Roma dividida en diez tribus y de esta a la Roma papal.

Por último, el versículo 14 describe la caída final de Roma al decir *"pero ellos caerán"*.

**"Vendrá, pues, el rey del norte, y levantará baluartes, y tomará la ciudad fuerte; y las fuerzas del sur no podrán sostenerse, ni sus tropas escogidas, porque no habrá fuerzas para resistir." Daniel 11:15.**

En este versículo encontramos una vez más el gran ataque del último "rey del norte" griego, Antíoco III, contra Egipto que ya vimos en los versículos 13 y 14. Pero en este versículo se nos añaden algunos detalles históricos, antes de la transición definitiva al siguiente Imperio, Roma.

El versículo nos muestra una vez más la invasión de Antíoco en Egipto y que se conoció como "batalla de Panio" en el 198 a.c. al norte de Judea. De paso sometió la patria judía que nunca más iba a estar en manos egipcias. Durante su invasión a Egipto, Antíoco tomó *"la ciudad fuerte"* de Sidón que era una ciudad muy fortificada. Antíoco III forzó al general egipcio Escopas con sus 10.000 *"tropas escogidas"* a refugiarse en Sidón. La ciudad fue cercada y sitiada y finalmente tomada por el último rey del norte griego en el 198 a.c.

Esas *"tropas escogidas"* fueron un ejército de mercenarios contratados por el protectorado de Roma que en aquel tiempo manejó a Egipto, para proteger al niño rey. Pero *"no habría fuerzas para resistir"* y fueron destruidos.

Más tarde, Antioco III Magno siguió con su plan expansionista que le llevó a enfrentarse con los romanos siendo derrotado definitivamente por estos en la batalla de Magnesia en el 190 a.c. La decisiva victoria romana terminó la guerra por el control de Grecia.

*"Y el que vendrá contra él hará su voluntad, y no habrá quien se le pueda enfrentar; y estará en la tierra gloriosa, la cual será consumida en su poder." Daniel 11:16.*

La nueva potencia presentada con las palabras *"el que vendrá"* es Roma. Es el nuevo ejército invasor que *"hará su voluntad"*.

*"La tierra gloriosa"* es el nombre bíblico dado a la tierra prometida por Dios a su Pueblo donde fluía leche y miel, sin importar el nombre, ya sea: Israel, Judea, Palestina Tierra Santa o Canaán. El término tierra gloriosa (o tierra deseable) se encuentra tres veces en la Biblia fuera del libro de Daniel, y en cada caso se refiere a la tierra prometida de Israel. Vea: Sal. 106:24; Jer. 3:19; Zac. 7:7, 14.

Fue el mismo Pompeyo que invadió con su ejército romano a Palestina, *"la tierra gloriosa"* de Israel, en el año 63 a.C. Después de tres meses de asedio contra Jerusalén las tropas romanas lograron abrir unas brechas en las murallas y Pompeyo tomó la ciudad. Durante la conquista murieron unos 12.000 judíos. Tras la guerra, Pompeyo destruyó los muros de Jerusalén y decretó impuestos sobre los hebreos. Así fue como Jerusalén cayó en las garras de Roma.

*"Afirmará luego su rostro para venir con el poder de todo su reino; y hará con aquél convenios, y le dará una hija de mujeres para destruirle; pero no permanecerá, ni tendrá éxito."* Daniel 11:17.

La "Traducción en lenguaje actual" (TLA) lo traduce con más claridad: *"El rey del norte tratará de vencer por completo al rey del sur. Para quedarse con su reino, firmará la paz y dejará que su hija se case con él. Pero su plan no tendrá éxito."* Daniel 11:17.

Egipto, "el reino del sur" era todo lo que quedaba del antiguo Imperio Griego de Alejandro Magno. Ahora la profecía nos presenta el momento en el cual Roma entró a Egipto para apoderarse de ese territorio, después de haber conquistado los territorios del norte, al decir que" afirmará luego su rostro para venir con el poder de todo su reino", o como dice la traducción en lenguaje actual *"El rey del norte tratará de vencer por completo al rey del sur."*

Los convenios o tratados de "paz" que Egipto (el rey del sur) hizo con Roma (rey del norte) en aquel entonces fueron buscar una buena relación con aquella potencia que se estaba convirtiendo en un gran Imperio.

Sucede que Egipto *"le dará una hija de mujeres para destruirle"*. Otras traducciones bíblicas traducen "destruirle" con "trastornarle" o "corromperle". Y la traducción en lenguaje actual que vimos hace unos instantes dice que Egipto "dejará que su hija se case con él".

La intención de Egipto fue clara. Estaba dispuesta a cualquier maniobra con el fin de resistir al poder romano y no ser conquistada por esa potencia. La historia nos cuenta que en ese momento histórico Cleopatra VII había heredado el trono con tan solo 18 años de edad junto con su hermano Ptolomeo XIII de tan solo 12 años. Su padre había dejado como tutor de ambos al regente de Roma, que en ese momento era Pompeyo. En ese tiempo cuando Pompeyo era el guardián de los tiernos herederos de Egipto surgió una disputa entre Pompeyo y Julio César que tuvo su clímax en la batalla de Farsalia. Pompeyo huyó a Egipto donde fue asesinado y Julio César asumió la custodia romana de Cleopatra y su hermano Ptolomeo.

En Egipto surgieron disturbios internos pues Cleopatra y su hermano Ptolomeo eran hostiles entre sí. La astuta Cleopatra conoció la debilidad de Julio César y desarrolló un plan para persuadirle de que tomara partido por ella. Envuelta en una alfombra hizo que su criada la llevase al aposento de César con la instrucción de ser un presente para el general romano. La alfombra se abrió y la hermosa Cleopatra se puso de pie ante él. La ambiciosa Cleopatra de tan solo 22 años y Julio César de 50 años llegaron a ser amantes.

Tras la muerte dramática de Julio César (que veremos en detalle en los versículos 18 y 19) se creó en Roma un Triunvirato, que reunía a Marco Antonio (general y político romano, amigo de Julio César, que había sido comandante jefe de su ejército), Octavio (heredero político designado por Julio César) y Lépido (antiguo jefe de la caballería de César). Se originaron luchas internas y una guerra civil en Roma entre los partidarios del triunvirato.

Marco Antonio llamó en su ayuda a la reina Cleopatra, para que acudiera con sus naves a Tarso, en la actual Turquía, pero la reina no quería que Egipto entrara en una guerra civil romana. Finalmente cedió a la reunión con la condición de que esta se desarrollara en su propio barco. Cleopatra navegó con los remos de plata, las velas púrpuras y todo el lujo al que estaba habituada y hasta se vistió como Afrodita, la diosa del amor. El encuentro duró cuatro días. El resultado de este viaje fue que ambos personajes se enamoraron y luego Marco Antonio decidió quedarse en Egipto al lado de Cleopatra. La pareja pasó junta en Egipto el invierno del 41-40 a.C. disfrutando de lujos y fiestas continuas.

Aunque Cleopatra apenas murió Marco Antonio intentó también seducir a Octavio, quien pronto iba a ser conocido como Augusto César, este no cayó en el juego. A su vez, el hijo de Cleopatra Cesarión, que tuvo con César, "fue asesinado sin ninguna compasión". Antilo el hijo tenido con Marco Antonio también corrió la misma suerte. Esto mostró a Cleopatra que su suerte no sería mejor y mandó traer una serpiente cuya mordedura le evitó ser exhibida como trofeo por Octavio en su desfile de victoria por Roma en el año 31 a.c. Cleopatra fue la última reina del Antiguo Egipto y de la dinastía ptolemaica, fundada por Ptolomeo I Sóter, un general de Alejandro Magno.

*"Volverá después su rostro a las costas, y tomará muchas; mas un príncipe hará cesar su afrenta, y aun hará volver sobre él su oprobio."*
**Daniel 11:18.**

Este y el siguiente versículo cuentan la fase final de la vida de Julio César. Después de sus hazañas en Egipto, Julio César volvió *"su rostro a las costas, y tomó muchas"*. Aquí encontramos las tres campañas militares después de dejar Egipto, poniendo el Bósforo, el norte de África y España bajo la autoridad de Roma y tal como la Palabra de Dios predijo todos ellos fueron territorios costeros. Después regresó a Roma y celebró sus espectaculares triunfos.

En Roma Julio Cesar fue nombrado dictador vitalicio y denominado padre de la patria. Con el poder en sus manos comenzó a crear muchas reformas administrativas que incluyeron el cambio para el calendario juliano donde el mes Quintilis fue rebautizado como Julius en su honor y continúa hasta nuestros días siendo conocido como julio. Julio César se volvió cada vez más dictatorial y parecía casi un monarca y esto preparó el camino para su dramática caída, descrito en la segunda parte del versículo que predijo: *"mas un príncipe hará cesar su afrenta, y aun hará volver sobre él su oprobio."* El siguiente versículo lo detalla más.

*"Luego volverá su rostro a las fortalezas de su tierra; mas tropezará y caerá, y no será hallado."* **Daniel 11:19.**

Después de sus conquistas y victorias descritas en el versículo anterior, Julio César regresó a Italia. En Roma fue recibido como un héroe, sin embargo, Julio César se volvió déspota y cruel.

Fue por estas circunstancias que *"un príncipe haría cesar su afrenta, y aun haría volver sobre él su oprobio."* Ese príncipe fue Marco Junio Bruto, quien había sido muy apreciado por Julio César, de tal forma que lo consideraba un hijo. Bruto se unió en conspiración a Casio Longino, ambos estaban entre los antiguos protegidos de Julio César. Junto con un grupo de colegas senadores romanos, que según ellos actuaban patrióticamente en defensa de la República, asesinaron en el año 44 a.c. a Julio César, en las escaleras del Pretorio con 26 puñaladas. Así finalizó la vida de Julio César con la descripción acertada: *"mas tropezará y caerá, y no será hallado."*

***"Y se levantará en su lugar uno que hará pasar un cobrador de tributos por la gloria del reino; pero en pocos días será quebrantado, aunque no en ira, ni en batalla." Daniel 11:20.***

¿Quién fue aquel "cobrador de tributos" que se levantó en lugar de Julio César? Fue Octavio, sobrino nieto de Julio César, quien llegó a ser Augusto César, el primer Emperador Romano.

El versículo menciona *"la gloria del reino"* ya que el momento y la manera en la cual Augusto César reinó realmente pueden ser considerados los momentos más gloriosos de la historia de Roma que estaba en el pináculo de su grandeza después de haber conquistado todo el antiguo Imperio Griego. Roma vivía una época de paz, justicia, disciplina y deseo del saber.

En ese momento glorioso de la historia romana, Augusto César decretó un empadronamiento que llegó a ser el primer censo del Imperio Romano. El objetivo era establecer la cantidad de habitantes del reino con varios propósitos entre los que sobresalían la recolección de tributos y el reclutamiento de soldados en todo el territorio del Imperio

Romano. Las Sagradas Escrituras describieron esta historia de la siguiente manera:

*"Aconteció en aquellos días, que se promulgó un edicto de parte de Augusto César, que todo el mundo fuese empadronado. Este primer censo se hizo siendo Cirenio gobernador de Siria. E iban todos para ser empadronados, cada uno a su ciudad. Y José subió de Galilea, de la ciudad de Nazaret, a Judea, a la ciudad de David, que se llama Belén, por cuanto era de la casa y familia de David; para ser empadronado con María su mujer, desposada con él, la cual estaba encinta. Y aconteció que estando ellos allí, se cumplieron los días de su alumbramiento. Y dio a luz a su hijo primogénito, y lo envolvió en pañales, y lo acostó en un pesebre, porque no había lugar para ellos en el mesón... le pusieron por nombre Jesús." Lucas 2:1-7, 21.*

Daniel 11:20 termina diciendo que el cobrador de impuestos sería quebrantado en pocos días *"aunque no en ira, ni en batalla."* Sucedió que unos pocos años después, Augusto César quien inició "la Pax romana", murió pacíficamente, tal como Dios había predicho de antemano, a los 76 años de edad.

*"Y le sucederá en su lugar un hombre despreciable, al cual no darán la honra del reino; pero vendrá sin aviso y tomará el reino con halagos." Daniel 11:21.*

El *"hombre despreciable"* que se levantó en lugar de Augusto César y *"al cual no darán la honra del reino"* fue el despreciable Tiberio César. La historia nos revela que era un hombre sanguinario, sádico y cruel, que incluso hizo asesinar a muchos de sus antiguos amigos

El versículo termina diciendo acerca de la ascensión de Tiberio César al trono que *"vendrá sin aviso y tomará el reino con halagos."* Realmente vino *"sin aviso"*, pues era una sorpresa inesperada que ese hombre vil pudiera llegar al poder de Roma. Fue por una serie de circunstancias desfavorables que se le otorgó a Tiberio el reino romano. Solo tras la muerte de los demás posibles sucesores de Augusto, quienes fueron: su sobrino, dos nietos, un yerno y otro hijastro, fue que se le otorgó el reino de mala gana. A la muerte de Augusto, Tiberio asumió el reino a los 55 años de edad y su reinado fue muy aterrador.

- Pero ¿de qué manera tomó "el reino con halagos"? La enciclopedia británica dice que: *"Tiberio manipuló al Senado y no permitió que este lo nombrara emperador hasta transcurrido casi un mes desde la muerte de Augusto. Argumentó ante el Senado que nadie sino Augusto era capaz de llevar la carga de gobernar el Imperio romano, y solicitó a los senadores que restablecieran la República y confiaran esa autoridad a un grupo de hombres más bien que a uno solo."* Por supuesto, esto era pura hipocresía pues siendo emperador no compartió el gobierno con nadie.

**"Las fuerzas enemigas serán barridas delante de él como con inundación de aguas; serán del todo destruidos, junto con el príncipe del pacto." Daniel 11:22.**

La primera parte de este versículo describe las acciones militares de Tiberio César, quien se convirtió en uno de los más grandes generales de Roma.

La segunda parte del versículo dice que *"serán del todo destruidos, junto con el príncipe del pacto."* Tomando en cuenta que Daniel 11 tiene 45 versículos, este pasaje llega a estar en la mitad del "libro de la verdad" (Daniel 10:21). ¿Y qué verdad encierra el centro de aquel libro que explica *"lo que ha de venir a tu pueblo* [hebreo] *en los postreros días"*? Daniel 10:14.

Sabemos que se trata de la crucifixión del "Mesías Príncipe", aquel que confirmó "el pacto con muchos". Daniel 9:25-27. El pacto mencionado es aquel que Dios estableció con Abraham para la bendición de todas las familias de la Tierra. Jesucristo fue la descendencia a Abraham prometida en dicho pacto como podemos comprobar en Génesis 22:18 y Gálatas 3:16.

Durante el reinado de Tiberio César, quien llegó a ser recordado como un oscuro, recluido y sombrío gobernante, Jesucristo fue crucificado en el año 31 d.c. Recordemos que los romanos eran *"los quebrantadores de tu pueblo"* (los hebreos), del versículo 14.

El evangelista Lucas describió la constelación política del tiempo en el cual Jesús fue bautizado y crucificado, de esta manera:

*"En el año decimoquinto del imperio de Tiberio César, siendo gobernador de Judea Poncio Pilato, y Herodes tetrarca de Galilea..." Lucas 3:1.*

**"Y después del pacto con él, engañará y subirá, y saldrá vencedor con poca gente." Daniel 11:23.**

Este versículo nos regresa nuevamente al principio de la historia romana descrita en los versículos 13 al 19, siendo una retrospectiva a las conquistas de Roma. En esta retrospectiva del surgimiento de Roma, como potencia final, se aumentan una serie de detalles.

Recordemos que la profecía de Daniel 11 relata la historia de lo que pasará al pueblo hebreo (Dan. 10:14). Israel estaba bajo constante ataque y opresión de Siria. Para conseguir protección, solicitó ayuda a los romanos, enviando una embajada a Roma. De esta manera Israel entró en una liga de amistad y confederación con Roma, firmando un pacto.

El historiador Flavio Josefo escribió en su libro "Antigüedades Judaicas", libro 12, capítulo 10, sección 6, lo siguiente acerca de este pacto entre Israel y Roma que fue redactado en los siguientes términos:

*"El decreto del senado acerca de una liga de ayuda y amistad con la nación de los judíos: No será lícito para cualquiera que esté sujeto a los romanos hacer guerra a la nación de los judíos ni ayudar a los que la hagan, sea mandándoles grano, barcos o dinero; y si dirigiese algún*

*ataque contra los judíos, los romanos les ayudarán en lo que puedan; y también si los romanos son atacados, los judíos les ayudarán. Y si los judíos se proponen añadir o quitar algo de este pacto de ayuda, ello se hará con el consentimiento común de los romanos. Cualquier adición hecha así, tendrá fuerza."* Este decreto fue escrito por Eleazar, cuando Judas era sumo sacerdote de la nación, y Simón su hermano, general del ejército. Esta fue la primera liga que los romanos hicieron con los judíos, y se administró de esta manera."

El versículo dice que Roma después del pacto con Israel, "engañará y subirá...". Aquí Dios ya nos pone inmediatamente un preaviso de lo que Roma hará, revelando su carácter engañoso. Recordemos el versículo 14 en donde los romanos llegarían a ser *"los quebrantadores del pueblo hebreo"* y en el versículo 16 decía que iban a conquistar *"la tierra gloriosa"* y que esta iba a ser *"consumida en su poder"*.

La relación con Roma comenzó con el pacto que acabamos de leer. Luego en el año 63 a.C. Pompeyo tomó Jerusalén, derribando sus muros e imponiendo tributos e impuestos. Más adelante los judíos dijeron: "No tenemos otro rey que César" (Juan 19:15). Después dijeron acerca de Cristo: "Caiga su sangre sobre nosotros y sobre nuestros hijos" (Mateo 27:25). Jesús dijo acerca de Roma: "Tus enemigos te sitiarán... y te derribarán a tierra..."no quedará aquí piedra sobre piedra, que no sea derribada" (Lucas 19:43, 44; Mateo 24:1, 2). Finalmente llegó la destrucción de Jerusalén y del templo en el año 70 d.C. y cerca de un millón de judíos murieron y muchos de ellos crucificados por los romanos fuera de la cuidad, tal cual se lo habían hecho a Cristo.

El versículo termina diciendo acerca de Roma que *"saldrá vencedor con poca gente."* En aquel tiempo cuando los romanos hicieron los primeros tratados con los hebreos, eran todavía poca gente. Pero ese pueblo pequeño salió *"vencedor"* con engaño y astucia. Fue de esta manera que los romanos se elevaron paulatinamente hasta llegar a ser un Imperio.

*"Estando la provincia en paz y en abundancia, entrará y hará lo que no hicieron sus padres, ni los padres de sus padres; botín, despojos y riquezas repartirá a sus soldados, y contra las fortalezas formará sus designios; y esto por un tiempo." Daniel 11:24.*

Roma entró en *"la provincia"* (de Judea) estando ella *"en paz y en abundancia"*. Lo que el versículo describe es la conquista de la "tierra gloriosa" sin derramamiento de sangre, sino mediante los pactos políticos. Roma utilizó esta nueva estrategia de conquista, muy distinta a la de los Imperios anteriores, haciendo *"lo que no hicieron sus padres, ni los padres de sus padres"*.

El versículo sigue diciendo de Roma que: *"botín, despojos y riquezas repartirá a sus soldados"* y precisamente esta fue una característica de Roma que después de conquistar dividía el botín entre los soldados del ejército.

Desde su propia poderosa fortaleza, Roma la ciudad asentada sobre 7 colinas, formó *"sus designios"*, es decir su voluntad, *"contra las* [demás] *fortalezas"*, y esto hizo *"por un tiempo"*.

Tal como la Roma cristiana papal tuvo un tiempo profético específico asignado por Dios que eran los "3 1/2 tiempos", también conocidos como los "42 meses" o los "1260 días", también la Roma pagana Imperial tuvo "1 tiempo" profético asignado por Dios.

Hemos visto que un tiempo en profecía bíblica equivale a un año y según la Biblia un año tiene 360 días (Gén.7:11, 24; 8:3, 4), que en profecía bíblica se convierten en 360 años.

La pregunta es, ¿cuándo comenzó este tiempo profético y cuándo terminó? El inicio de este tiempo profético lo encontramos en la famosa batalla de Accio en el año 31 a.C. que analizamos con detalle en el versículo 17 de Daniel 11. En ese año cayó la última parte del Imperio Griego en las manos de Roma bajo Octavio, quien llegó a ser el Emperador Romano Augusto César. De esta manera se dio la transición en la secuencia profética de los reinos de Grecia a Roma. Desde ese momento Roma reinó soberanamente sobre la totalidad del antiguo territorio del Imperio Griego. El final de este tiempo profético encontramos en el traslado de la sede del Imperio Romano de Roma en el occidente a Constantinopla en el oriente en el año 330. Recordemos, como ya habíamos visto en el estudio de la profecía de las setenta semanas, que como entre el año 1 aC y el 1 dC no hay cero debemos añadir un año a la cuenta.

**"Y despertará sus fuerzas y su ardor contra el rey del sur con gran ejército; y el rey del sur se empeñará en la guerra con grande y muy fuerte ejército; mas no prevalecerá, porque le harán traición." Daniel 11:25.**

El versículo 25 nos regresa un poco atrás en la historia romana para luego ir calzando los últimos acontecimientos que tienen que ver con la Roma imperial. Aquí debemos recordar que, tras el asesinato de Julio César, se formó un "triunvirato", es decir una forma de gobierno de tres personas, que fueron Marco Antonio, Lépido y Octavio (quien llegó a ser más tarde Augusto César). Los tres juraron vengar la muerte de Julio César. Para entender la complejidad de la situación hay que entender que Marco Antonio era el cuñado de Octavio al haberse casado con su hermana Octavia.

Marco Antonio fue enviado a Egipto por asuntos de gobierno. Ahí se enamoró y se casó con Cleopatra, pues había caído víctima de sus encantos. Marco Antonio abrazó los intereses de Egipto y repudió a su esposa Octavia para agradar a Cleopatra. De esta manera concedió a Cleopatra una provincia tras otra y celebró sus triunfos en Alejandría en vez de Roma.

Frente a esta situación Octavio no tuvo dificultad en inducir al pueblo de Roma a emprender una guerra contra Egipto, que en realidad era contra Marco Antonio que estaba a la cabeza de Egipto como rey. El versículo dice que Octavio se enardeció contra Marco Antonio que en ese momento al controlar Egipto era "el rey del sur". De esta manera Octavio organizó su gran ejército para atacar y destruir a Marco Antonio.

El versículo sigue diciendo que *"el rey del sur se empeñará en la guerra con grande y muy fuerte ejército."* El texto dice claramente que el ejército de Marco Antonio sería aún más grande que el de Octavio. Y fue exactamente así, pues la historia nos cuenta que Marco Antonio se enfrentó a Octavio con una flota de 500 barcos y 125.000 soldados, aparte de su propia galera y la galera de Cleopatra que era muy majestuosa y estaba acompañada de otros 60 barcos egipcios.

Para aquel entonces Lépido ya había sido depuesto del triunvirato y solo quedaban estos dos que no se conformaban con solo la mitad del reino. Octavio quería eliminar a Marco Antonio y quedarse con todo el Imperio Romano. La batalla en la cual se enfrentaron estos dos ejércitos romanos fue conocida como "la batalla de Accio", pues se peleó cerca de la ciudad de Accio.

Sucede que aunque el ejército de Octavio era más pequeño contaba con soldados escogidos y marineros expertos mientras que el gran ejército de Marco Antonio consistía de muchos hombres, pero en su mayoría inexpertos.

El versículo termina diciendo acerca del Marco Antonio y su gran ejército: *"mas no prevalecerá, porque le harán traición."* La situación era devastadora para Marco Antonio ya que primero le abandonó Cleopatra con su galera y sus 60 barcos egipcios y luego le traicionaron también sus fuerzas terrestres, como aprenderemos en el la descripción del versículo siguiente.

*"Aun los que coman de sus manjares le quebrantarán; y su ejército será destruido, y caerán muchos muertos." Daniel 11:26.*

Todos abandonaron a Marco Antonio. No solo sus aliados sino inclusive sus "amigos" que comían en sus banquetes. Su flota naval fue destruida y sus fuerzas terrestres estaban disgustadas por la presunción y soberbia de Marco Antonio y viendo ellos la posición en que estaba le traicionaron y se pasaron al lado de Octavio, quien los recibió con los brazos abiertos. Sucede que cuando Antonio llegó a Libia, se encontró con las fuerzas que había dejado ahí bajo Escarpio con el fin de custodiar la frontera, pero se habían declarado en favor de Octavio. También en Egipto sus fuerzas se rindieron. Airado y desesperado Marco Antonio decidió quitarse la vida, y se cumplió la predicción del versículo anterior que decía que *"no prevalecerá"*.

*"El corazón de estos dos reyes será para hacer mal, y en una misma mesa hablarán mentira; mas no servirá de nada, porque el plazo aún no habrá llegado."* **Daniel 11:27.**

Este versículo profundiza un poco más la contienda entre Marco Antonio y Octavio. Tengamos presente que del triunvirato solo habían quedado dos, pues Lépido fue depuesto por Octavio. Marco Antonio y Octavio, quienes antes no solo habían sido aliados sino también parientes finalmente llegaron a ser enemigos porque Marco Antonio repudió su primera esposa Octavia, la hermana de Octavio, por su amor a Cleopatra en Egipto. A partir de cierto momento solo les cubría un disfraz de amistad porque ambos aspiraban al dominio universal y maquinaban para obtenerlo, tal como describe el versículo al decir que *"el corazón de estos dos reyes será para hacer mal"*. Ambos eran en este sentido hipócritas y mentirosos *"y en una misma mesa hablaban mentira"*. Tratarse hipócritamente *"en una misma mesa"* finalmente no sirvió de nada, pues llegaron a guerrear el uno con el otro. Fue así que finalmente Octavio salió victorioso de esta disputa, como vimos en los versículos anteriores, al derrotar al "rey del sur" que en ese entonces era Marco Antonio, en la batalla de Accio. Octavio anexó el último territorio del Imperio Griego al Imperio Romano y así llegó a ser nombrado el primer emperador romano con el nombre de Augusto César. En el calendario, el mes de agosto fue nombrado en su honor, tal como antes el mes de julio había sido nombrado así en honor de Julio César.

Lo que significa que *"el plazo aún no habrá llegado"* analizaremos en el versículo 29.

***"Y volverá a su tierra con gran riqueza, y su corazón será contra el pacto santo; hará su voluntad, y volverá a su tierra." Daniel 11:28.***

En este versículo encontramos los regresos de dos grandes campañas de conquistas para Roma. El primer regreso, descrito con las palabras *"y volverá a su tierra con gran riqueza"* es el que hemos estudiado en los versículos 25 al 27 de este tema, tratándose del retorno de Octavio a *"su tierra"* (Roma) *"con gran riqueza"*, tras su expedición a Egipto contra Marco Antonio. De vuelta a Roma recibió muchos honores por haber anexado Egipto al imperio romano. La historia nos cuenta que hubo tres días de celebración con desfiles del botín por las calles de Roma. La misma Cleopatra hubiese aparecido en el desfile por Roma como cautiva real, si ella no se hubiese hecho picar fatalmente por una serpiente para evitarse esa vergüenza.

El segundo regreso, descrito con las palabras *"y su corazón será contra el pacto santo; hará su voluntad, y volverá a su tierra."*, fue la siguiente gran conquista de los romanos, después de haberse convertido ellos en el "rey del norte" tras conquistar Egipto y con Egipto la totalidad del Imperio Griego.

Como sabemos "el pacto santo" fue la descripción divina del santo pacto que Dios había establecido con el pueblo hebreo. Por lo tanto, la guerra contra *"el pacto santo"* fue la conquista de Judea y la toma y destrucción de Jerusalén en el año 70 d.C., durante la cual fue destruido el templo.

***"Al tiempo señalado volverá al sur; mas no será la postrera venida como la primera." Daniel 11:29.***

El versículo nos habla de un *"tiempo señalado"* en el cual Roma *"volverá al sur"*, pero con menos éxito que en su primera venida y se refiere al tiempo profético que la misma profecía mencionó en Daniel 11: 24.

El versículo menciona que al final del aquel tiempo profético, Roma *"volverá al sur; mas no será la postrera venida como la primera"*. Ya nada sería igual pues esta postrera venida, que se detalla en el siguiente versículo, sería su última contra el sur. El texto da a entender que el tiempo para Roma Imperial entraría en su fase final. Se anuncia la cercana transición a Roma Papal.

***"Porque vendrán contra él naves de Quitim, y él se contristará, y volverá y se enojará contra el pacto santo, y hará según su voluntad; volverá, pues, y se entenderá con los que abandonen el santo pacto."***
**Daniel 11:30**

La suerte del Imperio Romano está cambiando. Ahora *"se contristará* (otras traducciones dicen: se desanimará), *y volverá"* porque perdió contra esas *"naves de Quitim"*.

La primera parte de este versículo destaca un importante periodo de ataques bárbaros contra el Imperio Romano, y para ser exacto los ataques desatados desde el sur mediante los vándalos, bajo su líder Genserico. El conflicto con los vándalos era un enorme problema para el Imperio Romano. En 455 d.C. invadieron la ciudad de Roma y la saquearon. A pesar de esa invasión, el conflicto con los vándalos se desarrolló principalmente en la costa mediterránea. Recordemos que fue Roma la que antes controlaba el norte de África y las costas del mediterráneo desde que Julio César las había conquistado y anexado al imperio romano, unos 50 años antes de Cristo. Pero todo cambió para Roma cuando los vándalos comenzaron sus conquistas y llegaron a establecer una base naval en el norte de África. Desde ahí partieron periódicamente para destruir y despoblar la costa romana del norte. El versículo 30 destaca sobre todo la lucha naval, pues menciona las *"naves de Quitim."*

En el tiempo de Daniel, Quitim (Kittim) era el nombre de la isla de Chipre en el mediterráneo (Citium en latín). Flavio Josefo de hecho identificó Kittim con Chipre y en Daniel 11:30 Dios utiliza el símbolo de *Quitim* para representar el mediterráneo y el sur, desde donde partieron las naves de los vándalos contra el Imperio Romano, que perdió finalmente la lucha contra esta poderosa tribu bárbara con su impresionante fuerza naval. Así fue que Roma perdió finalmente su control sobre el norte de África y sobre el mediterráneo.

El versículo sigue diciendo:

*"Porque vendrán contra él naves de Quitim, y él se contristará, y volverá y se enojará contra el pacto santo, y hará según su voluntad; volverá, pues, y se entenderá con los que abandonen el santo pacto."*
**Daniel 11:30**

En el Antiguo Testamento ese *"pacto santo"* estaba relacionado con el pueblo Israelita. Este pacto especial duró muchos siglos hasta el momento en el que el judaísmo rechazó oficialmente a Jesucristo y sus mensajeros. Cuando vino Jesucristo el Mesías, él confirmó ese *"pacto santo con muchos"*, es decir con todos aquellos que lo recibieron y creyeron en él.

El "nuevo pacto" fue con el pueblo de Dios, que luego llegó a conocerse como "cristianismo" y que se compuso primero por judíos y luego también por gentiles que aceptaron a Jesucristo como su Mesías, formando de esta manera *"la Iglesia de Dios"*, el "Israel espiritual." Por lo tanto, *"el pacto santo"* mencionado aquí en la segunda parte del versículo 30 ya no es una alusión al pueblo israelita literal, que desafortunadamente rechazó al Mesías, sino a los cristianos.

Así como hay una transición de la Roma Imperial a la Roma Papal, en el pacto santo hay una transición del pueblo literal de Israel del pacto antiguo al pueblo cristiano del nuevo pacto.

¿De qué manera Roma se enojó contra *"el pacto santo"* del nuevo pacto?

Para entenderlo correctamente hay que analizar de qué manera Roma comenzó a oponerse al verdadero cristianismo del nuevo pacto después del año 330 d.c. Recuerde que los eventos de los versículos 29 al 31 están relacionados con la etapa histórica final del tiempo profético de los 360 años, asignado a la Roma Imperial.

Cuando el Imperio Romano se une con la Iglesia romana comenzó la fornicación espiritual. En el año 313 el emperador romano Constantino reconoce oficialmente el cristianismo, confirmado mediante el edicto de Milán y en el año 380 se proclama el cristianismo como religión oficial del imperio mediante el edicto de Tesalónica.

Constantino fomentó un sincretismo entre cristianismo y paganismo. De esta manera el cristianismo comenzó a asimilar mucho del paganismo como por ejemplo la adoración de imágenes. Hay que destacar sobre todo el hecho de que, mediante Constantino el pagano "día del sol" fue introducido como nuevo día de descanso al cristianismo apostata.

El versículo termina diciendo que Roma *"se entenderá con los que abandonen el santo pacto."* Los emperadores católicos de Roma Oriental *"se entendieron"* con la Iglesia de la Roma Occidental que había abandonado "el santo pacto" con sus verdades y principios. Fue Roma Oriental quien colaboró para destruir a las tribus bárbaras de la herejía arriana, mediante sus emperadores católicos Zenón y Justiniano.

Más adelante, Roma papal que se había enojado *"contra el santo pacto"* y que actuó *"según su voluntad"*, prohibió las Sagradas Escrituras que fueron despreciadas como libro peligroso y persiguió a millones de cristianos que no se sometieron a su autoridad.

*"Y se levantarán de su parte tropas que profanarán el santuario y la fortaleza, y quitarán el continuo sacrificio, y pondrán la abominación desoladora." Daniel 11:31.*

Este es el versículo paralelo de Daniel 8:11,12, que ya hemos estudiado y que dice:

*"Aun se engrandeció contra el príncipe de los ejércitos, y por él fue quitado el continuo sacrificio, y el lugar de su santuario fue echado por tierra. Y a causa de la prevaricación le fue entregado el ejército junto con el continuo sacrificio; y echó por tierra la verdad, e hizo cuanto quiso, y prosperó." Daniel 8:11, 12.*

Cuando la iglesia católica instala su servicio de misas, la intercesión de los santos, el perdón de los pecados y el sistema de indulgencias bloquea a la gente del continuo, que es la intercesión directa de nuestro Sumo Sacerdote, y se instala la abominación desoladora, como hemos visto al estudiar Daniel 8 y 9.

Daniel 11:31 dice que *"se levantarán de su parte tropas"*. Esos fueron los ejércitos del rey Clodoveo de los francos. En el año 508 d.C. Clodoveo se sometió al obispo de Roma aceptando el catolicismo romano y bautizándose junto a miles de sus soldados. Este hecho es sumamente importante porque marca el inicio del tiempo profético de los 1290 días proféticos (1290 años literales) de Daniel 12:11 y que estudiaremos en el próximo capítulo. Los francos fueron la primera tribu bárbara en aceptar el catolicismo romano como su nueva religión. Las otras tribus bárbaras siguieron su ejemplo y se convirtieron también al catolicismo romano.

Solamente las tribus bárbaras arrianas (hérulos, vándalos y ostrogodos) se opusieron al obispo de Roma y al catolicismo romano y fueron, por lo tanto, eliminadas.

Los ejércitos de los francos, a disposición del obispo de Roma, fueron los más poderosos de entre los ejércitos de las tribus bárbaras. No fue difícil para Roma Papal establecerse como el nuevo amo del mundo cuando las demás tribus bárbaras, que llegaron a ocupar la totalidad del antiguo y pagano Imperio Romano, se convirtieron progresivamente al catolicismo. Mediante esta transición y con el poder militar unido al de los ejércitos de las tribus bárbaras convertidas al catolicismo la Roma papal llegó a ser el nuevo rey del norte.

En Daniel 11:1-28, se nos presentó un patrón respecto a los tres pasos que siguió Roma imperial para llegar al trono del mundo. Tuvo que conquistar tres áreas para establecerse en lo más alto del mundo: Conquistó el sur (Egipto), el oriente, que era la capital de la dinastía seléucida (Babilonia/Asiria) y la tierra gloriosa (Palestina). Lo mismo hizo la Roma papal en su primera fase (de 538 d.C. a 1798 d.C.) ya que ella tuvo que conquistar las tres tribus arrianas para conquistar el mundo (los tres cuernos en Daniel 7 que arrancó el cuerno pequeño). Pero luego, en su última fase de levantamiento, la Roma papal, también tendrá que conquistar de nuevo tres áreas para establecerse otra vez en el trono del mundo.

*"Con lisonjas seducirá a los violadores del pacto; mas el pueblo que conoce a su Dios se esforzará y actuará." Daniel 11:32.*

Analicemos la primera parte de este versículo. Según el diccionario de sinónimos, lisonjas son también: adulaciones, alabanzas, halagos, elogios, aplausos, etc. Y la palabra seducirá presenta los siguientes sinónimos: atraerá, cautivará, embobará, enamorará, fascinará, ilusionará, conquistará, persuadirá, hechizará, halagará, etc. Esta fue la estrategia que utilizó la Roma papal para seducir a los violadores del pacto con el fin de unirlos a su gran sistema apóstata.

El papado como nuevo rey del norte durante su transición al poder utilizó casi siempre una política lisonjera para estar de acuerdo con los reyes de la tierra. Sus nuevos partidarios recibían riquezas, honores y puestos, pero el pueblo de Dios no aceptó estas ofertas espurias, ni se corrompió con estas ventajas temporales y superficiales.

*"Y los sabios del pueblo instruirán a muchos; y por algunos días caerán a espada y a fuego, en cautividad y despojo." Daniel 11:33.*

A pesar de la tiranía papal, en la edad media se encontraban los verdaderos creyentes instruyendo a muchos en la justicia de Dios.

En este versículo nos encontramos con una descripción sumamente precisa de las persecuciones del papado llevadas adelante y en forma sistemática mediante su Santa Inquisición que duró siglos. Fueron justamente estos cuatro métodos mencionados en el versículo los que la Iglesia católica medieval utilizó en contra de los llamados "herejes", es decir aquellos cristianos que no se sometían al obispo de Roma.

El versículo menciona además un tiempo profético al decir que esta persecución será "por algunos días". Este tiempo son los 1260 años de supremacía católica que van del año 538 al año 1798 y que estudiamos cuando vimos Daniel 7.

*"Y en su caída serán ayudados de pequeño socorro; y muchos se juntarán a ellos con lisonjas." Daniel 11:34.*

Hay cuatro hechos históricos que mencionar en este contexto que cumplen fielmente con la *"ayuda"* y el *"socorro"* que recibieron "los santos del Altísimo" durante esta su dura experiencia.

1. La tierra que ayudó a la mujer (que representa a la iglesia de Dios huyendo en Apocalipsis 12:16) fueron los Estados Unidos de América. Esas tierras norteamericanas fueron descubiertas, desde el punto de vista europeo, en el año 1492 d.C. Y cuando pocos años después comenzó la terrible persecución contra los protestantes, muchos de ellos ya habían escuchado de ese descubrimiento geográfico y pudieron huir y refugiarse en el "nuevo mundo", lejos de las garras romanas del Vaticano y de la tiranía papal.

2. En segundo lugar, fueron varios estados y príncipes alemanes que respaldaron y protegieron a la Reforma Protestante y a Lutero personalmente, oponiéndose a Carlos V, que como fiel católico romano trataba de extinguir a los protestantes por completo.
3. En tercer lugar, fue el islam que apoyó la reforma protestante de diferentes maneras. Por un lado, se había decidido atacar y luchar exclusivamente contra cristianos pertenecientes al catolicismo romano que para ellos eran idólatras y politeístas. De esta manera refugiaron y protegieron a muchos protestantes de las persecuciones papales. Por otro lado, debilitaron con sus ataques a los dominios romanos pues el Vaticano y Carlos V tuvieron que utilizar sus ejércitos para combatir en las fronteras contra los islamistas. De esta manera no pudieron utilizar toda esa fuerza bélica para exterminar el protestantismo.
4. Y, en cuarto lugar, Dios acortó el tiempo de la persecución *"Y si aquellos días no fuesen acortados, nadie sería salvo; mas por causa de los escogidos, aquellos días serán acortados."* Mateo 24:22. La cabeza del gobierno portugués, Sebastião José de Carvalho e Melo, fue un instrumento para debilitar la inquisición. De esta manera la persecución terminó en Europa como 4 décadas antes de 1798.

La segunda parte del versículo 34 dice que *"muchos se juntarán a ellos con lisonjas"*. Muchos fingían ser amigos de los protestantes, pero solamente querían engañarlos y matarlos y de esa forma fue que asesinaron a miles de valdenses en Francia en la famosa y sangrienta matanza de San Bartolomé. Casos parecidos ocurrieron en otros lugares como, por ejemplo, en Irlanda y es por eso que hay que tener cuidado cuando Roma parece ser amigable. Hay que tener presente también que el catolicismo ha acompañado a los Estados Unidos de manera asolapada desde sus inicios y que en los últimos años están viendo realmente el fruto de su perseverancia y paciencia. A estas alturas, el papado tiene muy buena aceptación entre grupos religiosos y políticos de esa nación.

*"También algunos de los sabios caerán para ser depurados y limpiados y emblanquecidos, hasta el tiempo determinado; porque aun para esto hay plazo." Daniel 11:35.*

Una mejor traducción para este versículo lo tiene la siguiente versión de las Escrituras.

*También algunos de los entendidos caerán, a fin de ser refinados, purificados y emblanquecidos hasta el tiempo del fin, porque aun está por venir." Daniel 11:35, Biblia de las Américas.*

Este versículo sigue hablando acerca de la inhumana persecución medieval contra el pueblo que conoce a su Dios al decir que *"algunos de los sabios caerán"*, pero vienen buenas noticias de que esta terrible persecución no sería para siempre, sino que tendría un tiempo determinado, pues duraría *"hasta el tiempo del fin"*

El ángel dice al profeta Daniel: *"... Pero tú, Daniel, cierra las palabras y sella el libro hasta el tiempo del fin."* (Daniel 12:4). Entonces vino la pregunta de otro ángel: *"... ¿Cuándo será el fin de estas maravillas?" (Daniel 12:6).* Y la respuesta solemne y divina llegó de inmediato: *"... será por tiempo, tiempos, y la mitad de un tiempo. Y cuando se acabe la dispersión del poder del pueblo santo, todas estas cosas serán cumplidas." (Daniel 12:7).* Así que la persecución sería por un tiempo precisamente determinado, de tres tiempos y medio que abarca del año 538 d.C. hasta 1798 d.C. cuando el papado perdió su poder temporalmente durante la Revolución Francesa.

¿De qué manera las persecuciones y tribulaciones sirvieron, y siguen sirviendo, para que los santos del Altísimo sean *"depurados, limpiados y emblanquecidos"*?

Las pruebas son el horno que limpia la escoria de nuestras vidas para perfeccionar nuestro carácter, tal como se limpia el oro de sus impurezas.

*"He aquí te he purificado, y no como a plata, te he escogido en horno de aflicción."* Isaías 48:10

**"Y el rey hará su voluntad, y se ensoberbecerá, y se engrandecerá sobre todo dios; y contra el Dios de los dioses hablará maravillas, y prosperará, hasta que sea consumada la ira; porque lo determinado se cumplirá." Daniel 11:36.**

El versículo comienza diciendo que *"el rey hará su voluntad"*. Al igual que en el versículo 16 Roma imperial hizo *"su voluntad"* de la misma manera la Roma papal hizo *"según su voluntad"*. Lamentablemente el carácter de Roma no cambia. Aunque como potencia se transformó de Roma pagana a Roma papal siempre hace tan solo su voluntad y no la voluntad de Dios.

El versículo nos muestra el siguiente paso obvio y consecuente de su auto exaltación al decir que *"contra el Dios de los dioses hablará maravillas"*. El *"Dios de los dioses"* contra el cual *"hablará maravillas"* es el verdadero Dios, Creador de los cielos y de la tierra. Estas maravillas que habla este sistema contra Dios son las blasfemias de Apocalipsis 13:5 que fueron expuestas anteriormente.

El versículo 36 termina diciendo que su voluntad, su soberbia y grandeza tendrán una *"fecha de vencimiento,"* pues durarán *"hasta que sea consumada la ira; porque lo determinado se cumplirá."* Apocalipsis 15:1 revela que en *"las siete plagas postreras... se consumaba la ira de Dios."* Por lo tanto, estamos hablando todavía de un evento futuro, pues Dios aún no ha comenzado a derramar sus postreras plagas.

**"Del Dios de sus padres no hará caso, ni del amor de las mujeres; ni respetará a dios alguno, porque sobre todo se engrandecerá." Daniel 11:37.**

La expresión *"sus padres"* se refiere a los apóstoles. Y su Dios *"al que no hará caso"* es Jesucristo. Lo que Dios nos desea hacer entender mediante este versículo es lo siguiente: El sistema papal, como sistema anticristiano, se alejará de Jesucristo y de sus enseñanzas y no seguirá la sana doctrina de las Sagradas Escrituras. Es en ese sentido que *"no hará caso del Dios de sus padres"*. Recordemos, por ejemplo, la introducción de una gran cantidad de costumbres y tradiciones paganas en el cristianismo católico que son contrarias a la Palabra de Dios.

El versículo sigue diciendo que el papado *"no hará caso, ni del amor de las mujeres"*. Una de las muchas tradiciones introducidas por el papado fue la imposición del celibato sacerdotal, que entró en vigencia en la época del papa Gregorio VII en el año 1079.

*"Mas honrará en su lugar al dios de las fortalezas, dios que sus padres no conocieron; lo honrará con oro y plata, con piedras preciosas y con cosas de gran precio."* **Daniel 11:38**.

El dios de las fortalezas es la fuerza militar, algo a lo que la iglesia primitiva nunca recurrió. La iglesia primitiva era una iglesia de paz que más bien fue perseguida.

Toda esta imposición que se logró por medio de la fuerza militar granjeó a la Iglesia Católica inmensa riqueza, tal como también lo describe Apocalipsis 17:4.

*"Y la mujer estaba vestida de púrpura y escarlata, y adornada de oro, de piedras preciosas y de perlas, y tenía en la mano un cáliz de oro lleno de abominaciones y de la inmundicia de su fornicación."* Apocalipsis 17:4

En el cercano futuro, cuando Roma se termine de recuperar por completo de su herida mortal y tome por última vez el control de los ejércitos de la tierra volverá a perseguir y luchar contra sus mismos enemigos históricos, los hijos de Dios.

También este versículo permite una segunda interpretación complementaria, puesto que *"dios de las fortalezas"* puede ser traducido también como "diosa de las fortalezas." Ese nuevo dios que sería honrado *"con oro y plata, con piedras preciosas y con cosas de gran precio"* puede ser perfectamente la adoración a María. En ese sentido se aplica la descripción: *"sus padres no conocieron"* puesto que ella no fue venerada por los discípulos ni los apóstoles.

La veneración de la virgen María comenzó varios siglos después de la muerte de los discípulos y apóstoles y se amplió progresivamente mediante el papado a lo largo de la historia.

• Año 375 - Comienza la veneración de ángeles, santos muertos y el uso de imágenes.

• Año 431 - Comienzo de la exaltación de María. El término "Madre de Dios" es aplicado por primera vez a María por el Concilio de Éfeso.

• Año 600 - Oraciones ofrecidas a María, santos muertos y ángeles. La Biblia aprueba oraciones solo a Dios Padre.

• Año 1854 - La "Inmaculada Concepción" de María es promulgada por Pio IX.

• Año 1931 - El Papa Pio XI nombra a María "Madre de Dios".

• Año 1950 - La "Asunción" de María es proclamada por Pio XI.

• Año 1965 - María es nombrada "Madre de la Iglesia" por Pablo VI.

*"Si vemos una imagen de la diosa Diana que Pablo menciona (Hechos 19:34, 35), notarán que ella tiene un castillo sobre su cabeza y se la llamaba Diosa de las Fortalezas. Esto hace referencia a la primera `diosa´ Semiramis, la esposa de Nimrod, que construyó una ciudad con una muralla alrededor para protegerla... La ciudad de Éfeso (Hechos 19:34, 35) en especial estaba envuelta en la adoración de Diana y fue en el concilio de Éfeso que la Iglesia Romana decidió declarar a María la*

`Madre de Dios´ y `Reina del Cielo´. La Iglesia Romana temprana necesitaba en este punto traer un símbolo de madre e hijo a la Iglesia ya que los adoradores del sol amaban a su diosa de las fortalezas y su hijo el dios sol Apolo. Así fue que cambiaron el nombre a María, madre de Dios y de esta forma crearon un nuevo dios, "que sus padres no conocieron"; y le dieron honra con toda clase de lujos." Entendiendo Daniel y Apocalipsis, P. G. Temple, Pág. 162.

*"Con un dios ajeno se hará de las fortalezas más inexpugnables, y colmará de honores a los que le reconozcan, y por precio repartirá la tierra." Daniel 11:39.*

Este versículo nos sigue hablando acerca del *"dios ajeno"* de las fortalezas que puede ser, como vimos: 1) El poder político y sus ejércitos sometidos a la autoridad papal o: 2) La virgen María; 3) Ambas cosas.

En cuanto a que colmará de honores podemos ver los siguiente en Wikipedia:

*Las condecoraciones pontificias (o papales) son órdenes ecuestres y otras distinciones honoríficas que el Soberano Pontífice confiere a clérigos y otras personas de vida intachable que han promovido de alguna forma los intereses de la sociedad y de la Iglesia Católica. Las condecoraciones que discierne la Santa Sede, ordenadas de acuerdo a su importancia y dignidad son diferentes órdenes ecuestres, cruces y medallas, títulos nobiliarios y otras... Hasta el Papa Pablo VI, los Sumos Pontífices otorgaban también títulos de nobleza a hombres o mujeres extraordinariamente destacados en el servicio a la Iglesia, a la fe católica o al papa y eran concedidos por el Papa en su calidad de soberano temporal. Los títulos pontificios podían ser personales (vitalicios) o hereditarios en línea recta y masculina, por regir la Ley Sálica. Sin embargo, la Santa Sede, a diferencia de otras monarquías, se reservaba siempre el derecho de examinar la conveniencia, dignidad y méritos de los posibles herederos no bastando únicamente los derechos genealógicos. Algunos títulos pontificios concedidos son Marqués y Conde... Los últimos sumos pontífices, Juan Pablo II y Benedicto XVI retomaron discretamente la concesión de este tipo de dignidades. http://es.wikipedia.org/wiki/ condecoraciones_pontificias*

Y finalmente el versículo termina diciendo que *"... por precio repartirá la tierra."* Es decir, como recompensa *"repartirá la tierra."*

La historia nos provee de un ejemplo sobre esto en "El Tratado de Tordesillas", cuando el papa dividió el mundo entre las naciones católicas de España y Portugal. Tras la emisión de cuatro bulas papales, conocidas como Bulas Alejandrinas, fechadas entre mayo y septiembre de 1493 el Papa Alejandro VI repartió las tierras de América en el año 1494 entre los victoriosos reyes católicos de España y Portugal. Esas naciones católicas habían conquistado los territorios que Colón había descubierto y las sometieron al catolicismo romano. El Papa Julio II confirmó estos pactos mediante una Bula del 24 de enero de 1506. La inhumana conquista que siguió a la repartición de América entre las naciones católicas es uno de los capítulos más oscuros de la historia humana. "... antes de cada entrada militar, los capitanes de conquista debían leer a los indios un extenso y retórico requerimiento que los exhortaba a convertirse a la santa fe católica: «*Si no lo hiciereis, o en ello dilación maliciosamente pusiereis, certifícoos que con la ayuda de Dios yo entraré poderosamente contra vosotros y os haré guerra por todas las partes y maneras que yo pudiere, y os sujetaré al yugo y obediencia de la Iglesia y de Su Majestad y tomaré vuestras mujeres e hijos y los haré esclavos, y como tales los venderé, y dispondré de ellos como Su Majestad mandare, y os tomaré vuestros bienes y os haré todos los males y daños que pudiere...*" Vea el libro: Las venas abiertas de América Latina. Págs. 17, 18

**"Pero al cabo del tiempo el rey del sur contenderá con él**; *y el rey del norte se levantará contra él como una tempestad, con carros y gente de a caballo, y muchas naves; y entrará por las tierras, e inundará, y pasará."* **Daniel 11:40.**

Este último ataque es colocado en un preciso momento de la historia, pues ocurre *"al cabo del tiempo."* Algunas traducciones españolas traducen "al tiempo del fin" como la Nueva Biblia de los Hispanos o la Nueva Biblia Latinoamericana de hoy.

Como veremos en Daniel 12, "*el tiempo del fin*", comenzó en el año 1798, al final de la soberanía papal en su primera fase. Recordemos que en el año 1793 comenzó la famosa Revolución Francesa y cinco años más tarde (1798) el general Berthier, bajo órdenes de Napoleón, aprisionó al papa Pio VI. El papa fue llevado cautivo de Italia a Francia donde murió. Este evento decisivo en el cual la Roma papal perdió temporalmente su poder político y su autonomía es conocido en la profecía bíblica como "*la herida mortal*". Pero la Palabra de Dios dijo también que su "*herida mortal*" sanaría y que toda la tierra se maravillaría al observar su recuperación y su retorno al poder mundial, según se aprecia en Apocalipsis 13.

Sabemos que en la antigüedad el "*rey del sur*" era Egipto; aquella potencia que estaba geográficamente al sur de la tierra de Canaán donde vivió el pueblo hebreo. Pero ahora en el "*tiempo del fin*", Egipto ya no es literal, sino que es símbolo de una fuerza espiritual o filosófica mundial con las características del Egipto antiguo. Egipto siempre fue una potencia que reemplazó la fe en el verdadero Dios por la fe en la humanidad como ilustra el siguiente texto bíblico:

"*¡Ay de los que descienden a Egipto por ayuda, y confían en caballos; y su esperanza ponen en carros, porque son muchos, y en jinetes, porque son valientes; y no miran al Santo de Israel, ¡ni buscan al Señor!... Y los egipcios hombres son, y no Dios; y sus caballos carne, y no espíritu; de manera que al extender el Señor su mano, caerá el ayudador y caerá el ayudado, y todos ellos desfallecerán a una.*" *Isaías 31:1, 3.*

En el "*rey del sur*" del tiempo del fin también reaparece otra característica del antiguo Egipto, el ateísmo.

*"Y Faraón respondió: ¿Quién es el Señor, para que yo oiga su voz y deje ir a Israel? Yo no conozco al Señor, ni tampoco dejaré ir a Israel." Éxodo 5:2.*

Esta forma de ser del Egipto antiguo la encontramos en el ateísmo, el racionalismo, el agnosticismo, el humanismo y en las leyes y derechos humanos que se superponen a los derechos y las leyes divinas que precisamente surgieron alrededor de 1798 con la potencia que infligió la *"herida mortal"* a la bestia al cabo de los 1260 años de soberanía papal, que fue precisamente Francia, *"la bestia del abismo"* de Apocalipsis 11 y que es la única potencia que fue relacionada simbólicamente con Egipto.

*"Cuando hayan acabado su testimonio, la bestia que sube del abismo hará guerra contra ellos, y los vencerá y los matará.[8] Y sus cadáveres estarán en la plaza de la grande ciudad que en sentido espiritual se llama Sodoma y Egipto..." Apocalipsis 11:7,8*

*"Francia ha sido la única nación del mundo acerca de la cual consta en forma auténtica que fue una nación erguida en rebelión contra el Autor del universo. Muchos blasfemos, muchos infieles hay y seguirá habiéndolos en Inglaterra, Alemania, España y en otras partes; pero Francia es la única nación en la historia del mundo, que por decreto de su asamblea legislativa, declaró que no hay Dios, cosa que regocijó a todos los habitantes de la capital, y entre una gran mayoría de otros pueblos, cantaron y bailaron hombres y mujeres al aceptar el manifiesto." — Blackwood's Magazine, noviembre, 1870.*

Luego, con el pasar del tiempo, la Revolución Francesa pasó la "corona" a su heredero directo, la revolución rusa y bolchevique. Es por eso que el Comunismo marxista es el sucesor histórico y descendiente directo de la Revolución Francesa.

Así que el fruto y resultado de la Revolución Francesa fue el Comunismo y con ella la Unión Soviética que fue el archienemigo de Roma papal, *"el rey del sur"*. El papado odiaba a la Unión Soviética por lo mucho que se le parecía, recordemos que el sistema comunista es un sistema super controlador de todos los aspectos de la vida de las personas y que sus líderes son vistos como dioses y a este sistema le va bien solo manteniendo a la población en la pobreza y, por lo tanto, odia al capitalismo. Es interesante observar que la época de mayor abundancia de la Iglesia Católica fue cuando la mayoría de las personas vivió precisamente en la pobreza e ignorancia.

Sobre esto, un artículo de MAS LIBERTAD del 18 de junio del 2021 y firmado por Pedro Lárez, dice lo siguiente:

*"Francisco es una figura bastante controversial porque, a diferencia de sus predecesores contemporáneos, no se había inmiscuido tanto en asuntos de políticas públicas ni economía. Las declaraciones que ha dado públicamente —a la par de sus acciones— lo han puesto en el ojo del huracán varias veces. Por ejemplo, hace un tiempo emitió su famosa frase «son los comunistas los que piensan como los cristianos», tras decir que los izquierdistas clásicos le robaron la bandera a los cristianos. ''Los comunistas nos han robado la bandera. La bandera de los pobres es cristiana. La pobreza está en el centro del Evangelio. Los pobres están en el centro del Evangelio'' dijo Francisco a The Economist en la misma entrevista que lo catapultó directo al repudio de varios sectores de la sociedad, sumado al desconocimiento de su autoridad por parte de varios católicos."*

Y más adelante el mismo artículo sigue diciendo:

*"El Papa <u>arremetió nuevamente contra el capitalismo</u> en su encíclica ''Fratelli Tutti'' con frases como «El mercado por sí solo no puede resolver todos los problemas, por mucho que se nos pida que creamos en este dogma de la fe neoliberal» o «La tradición cristiana nunca ha reconocido el derecho a la propiedad privada como absoluto o inviolable. Más bien, ha enfatizado el propósito social de todas las formas de propiedad privada». Aunque pidió una reforma del sistema económico y político global, se olvida de hacer distinciones. Cuando culpó al ''capitalismo'' (sistema económico global), achacó su fracaso a la*

*incapacidad de los Estados para cooperar. Ni idea. Que Francisco hable de economía —y a la postre confundiéndola con la política— es como si un físico nuclear hablara de teología."*

Que la influencia del papado pasara entre la cortina de hierro de la Unión Soviética era bastante difícil debido al ateísmo de ese sistema, así que en un momento dado ese sistema debía caer si el papado quería establecer su dominio mundial de nuevo.

La segunda parte del versículo nos muestra el contraataque del *"rey del norte,"* el papado, contra el *"rey del sur"*, la atea y comunista Unión Soviética.

Sabemos que en la caída de la Unión Soviética no se utilizó ni un disparo. Esa potencia sucumbió por causa de la presión impuesta por la alianza entre el Vaticano y los EE.UU. La expresión *"con carros y gente de a caballo"* es una descripción de la fuerza militar que USA apostó en las bases militares cerca de la Unión Soviética, *"y muchas naves"* se refiere a las sanciones económicas impuestas por esa potencia económica ya que las naves son un símbolo del mercantilismo.

El versículo termina diciendo que *"entrará por las tierras, e inundará, y pasará."*

Aquí encontramos un detalle muy importante pues habla en plural de *"las tierras"*. La Unión Soviética consistía de quince naciones que habían abrazado el comunismo ruso. Una vez que colapsó la Unión Soviética, ésta fue *"inundada"* con la influencia, el estilo de vida y la religión cristiana americana y católica romana.

El primer territorio ya fue conquistado por Roma papal en la época de Juan Pablo Segundo. En el siguiente versículo veremos la conquista del segundo territorio: La nación protestante de los Estados Unidos de América, que fue precisamente su aliado para vencer la Unión Soviética.

*"Entrará a la tierra gloriosa, y muchas provincias caerán; mas éstas escaparán de su mano: Edom y Moab, y la mayoría de los hijos de Amón."* **Daniel 11:41**

Como ya hemos estudiado, en el Nuevo Pacto los términos geográficos relacionados tanto a Israel como a las otras naciones son simbólicos, de manera que ciudades y naciones como Jerusalén, Babilonia, Egipto, Sodoma y otras son siempre alegóricas y espirituales.

Así que *"la tierra gloriosa"* en Daniel 11:41 ya no se refiere a la tierra literal de Israel sino al Israel espiritual. Ya vimos un caso similar en el estudio del versículo anterior donde se menciona al *rey del sur* o *Egipto* para referirse a las fuerzas espirituales o filosóficas del Comunismo ateo o el socialismo. El hecho de que el rey del norte entre en la tierra gloriosa podría ser muy bien que muchas de las ideas que vienen de Babilonia tratarán de impregnar a la iglesia del Señor y por ese motivo *"muchos caerán"*, tal cual lo dice el versículo.

Otra interpretación plausible de *"la tierra gloriosa"* es la de la tierra de Estados Unidos de Norteamérica que recordemos fue un oasis para todas aquellas personas fieles al Señor que estaban siendo perseguidas por el papado en Europa, sin embargo, también esta nación rechazará y perderá finalmente la gloria de Cristo, convirtiéndose progresivamente en un dragón simbólico, al aliarse y someterse a la potencia romana papal. Como vimos en otros temas esta nación se asemejará al papado en carácter (uniendo iglesia con el estado) y seguirá finalmente sus dictámenes como, por ejemplo, la imposición de la marca de autoridad papal: la ley dominical nacional.

No hay que pasar desapercibido el hecho de que este país está siendo influenciado por doctrinas socialistas avaladas e influidas por el mismo papado y los diferentes organismos internacionales (como el Foro Económico Mundial) ya que solo a través de este tipo de sistemas es que las órdenes de la primera bestia de Apocalipsis 13 pueden cumplirse. De esta forma, estamos al frente de la unión de las ideas sociales y ateas de la Francia del siglo 18, quien era en ese tiempo el rey del sur, con la autoridad del rey del norte tal cual ocurrió en la antigüedad y estos dos sistemas son los que igual que antaño perseguirán a los hijos de Dios.

Para poder entrar en ese Israel espiritual el rey del norte debe influir sobre la tierra que dio albergue a muchas personas que venían huyendo de la persecución que el papado venía realizando en Europa. Esta nación fue providencialmente prosperada, pero de a poco también caerá en las garras de Roma.

El versículo originalmente no dice *"y muchas provincias caerán"*, sino *"y muchos caerán"*. La palabra "provincias" ("países" o "naciones") fue añadida por los traductores y no está en el original hebreo. Una mejor traducción en ese aspecto sería la siguiente:

*"También entrará en la Tierra de la Hermosura y matará a muchísima gente; pero se salvarán los habitantes de Edom y Moab, y la mayor parte del territorio de Amón."* Daniel 11:41, Dios habla hoy

Al decir: *"y muchas caerán..."*, nos da a entender que los que caerán estarán en su mano como títeres bajo su control. Podemos inferir que las personas mencionadas que *"caerán"* son aquellas que antes estaban con el Señor y en la verdad, sin embargo, no eran totalmente fieles y se someterán por conveniencia a Roma.

Sin embargo, hay buenas noticias, porque *algunos "escaparán de su mano"*. Para poder escapar de su mano, tenían que haber estado previamente en su mano, es decir, temporalmente bajo el control del "rey del norte" papal y escaparán porque se darán cuenta de los errores y engaños de la "Babilonia moderna" y abandonarán ese falso sistema que está destinado a hundirse. El versículo menciona que Edom, Moab y Amón escaparán de las manos del rey del norte. Estas tres naciones simbólicas, que dejaron de existir hace miles de años eran parientes cercanos de los Israelitas y simbolizan a todas aquellas personas sinceras que sirven al Señor en medio de la Babilonia espiritual viviendo con fidelidad de acuerdo con la poca luz que tienen. Los que escapan de su mano llegan a conocer las falsedades del sistema papal gracias al mensaje de los tres ángeles de Apocalipsis 14:6-12 que se presenta como el evangelio eterno y que se analizaron en el tema "La caída de la Babilonia mística":

*"Extenderá su mano contra las tierras, y no escapará el país de Egipto. Y se apoderará de los tesoros de oro y plata, y de todas las cosas preciosas de Egipto; y los de Libia y de Etiopía le seguirán." Daniel 11:42,43.*

Egipto, Libia y Etiopía eran los límites del mundo antiguo. Quiere decir que el rey del norte conquistará en este punto al mundo entero incluyendo aquellos que no creen en el Dios verdadero, sin embargo, a pesar de haber conquistado el mundo entero, todavía no ha conquistado la ciudad fortificada de Jerusalén que representa a la iglesia verdadera.

Este versículo describe también como el rey del norte, la Roma Papal, llega a controlar la economía mundial y el mundo financiero. Una vez que los tesoros y las riquezas del mundo estén bajo su control, gobernará de manera despótica, totalitaria y dictatorial, pues prohibirá *"comprar y vender"* a todos aquellos que no se sometan al sistema que manejará mediante las potencias y organismos que estarán a su servicio.

*"Los libios, al oeste de Egipto, vivían en los confines del desierto, lo cual les impedía obtener cualquier tipo de prosperidad. A través de su historia habían mirado con ojos anhelantes hacia Egipto y al fértil valle del Nilo. Intentaron varias veces invadirlo, pero siempre fueron rechazados. Egipto es un símbolo del mundo entero, mientras que Libia representa lo que hoy se conoce como el Tercer Mundo. Libia simboliza a los países pobres, desposeídos y pisoteados que ansían moverse hacia la prosperidad del afluente mundo occidental. La antigua Etiopía*

*no solamente incluía Nubia, sino también la parte de Arabia occidental fronteriza al Mar Rojo. Los egipcios codiciaban a Etiopía a causa de las minas de oro que había en sus montañas, su riqueza en ganado, marfil, pieles y ébano; además, los productos provenientes del África Central entraban a Egipto a través de los comerciantes etíopes. Como el Egipto es un símbolo del mundo y Libia el de los países pobres de Tercer Mundo, asimismo Etiopía representa a los países más afluentes del mundo. Daniel se une al testimonio de Juan cuando explica que el papado controlará al mundo entero, tanto a pequeños como a grandes, ricos y pobres, libres y esclavos - Libia y Etiopía.* "Un estudio profético sobre Daniel 11:40-45'", Jeffrey Pippenger, pág. 55.

**"Pero noticias del oriente y del norte lo atemorizarán, y saldrá con gran ira para destruir y matar a muchos." Daniel 11:44**.

Las noticias del *"oriente y del norte"* se refiere a la predicación del mensaje de los tres ángeles en el fuerte pregón, recordemos que tanto el norte como el oriente son puntos cardinales que en profecía pertenecen a Dios. Todavía el rey del norte no ha tocado a Jerusalén. El rey del norte se encuentra en el sur y se devuelve al norte para atacar y destruir a los hijos de Dios que se refugian en la Jerusalén espiritual.

La primera parte de este versículo nos revela que habrá ciertas noticias que "atemorizarán" al rey del norte de la gran Babilonia simbólica y espiritual del tiempo de fin. Esto nos recuerda al rey del norte de la Babilonia literal de antaño cuando recibió un mensaje con ciertas noticias que lo hicieron atemorizar bastante.

*"En aquella misma hora aparecieron los dedos de una mano de hombre, que escribía delante del candelero sobre lo encalado de la pared del palacio real, y el rey veía la mano que escribía. Entonces el rey palideció, y sus pensamientos lo turbaron, y se debilitaron sus lomos, y sus rodillas daban la una contra la otra. El rey gritó en alta voz...*

*Entonces el rey Belsasar se turbó sobremanera, y palideció, y sus príncipes estaban perplejos." Daniel 5:5-7, 9.*

El mensaje trataba sobre la inminente caída de Babilonia y el anciano profeta Daniel es llamado para interpretar la inscripción.

*"Y la escritura que trazó es: MENE, MENE, TEKEL, UPARSIN. Esta es la interpretación del asunto: MENE: Contó Dios tu reino, y le ha puesto fin. TEKEL: Pesado has sido en balanza, y fuiste hallado falto. PERES: Tu reino ha sido roto, y dado a los medos y a los persas... La misma noche fue muerto Belsasar rey de los caldeos. Y Darío de Media tomó el reino, siendo de sesenta y dos años." Daniel 5:25-28, 30, 31.*

Las noticias o buenas nuevas que vienen del norte y el oriente y que atemorizan al "rey del norte", son el mensaje de los tres ángeles de Apocalipsis 14:6 al 11. Este es el último y poderoso mensaje final que desenmascara al gran sistema babilónico del "tiempo del fin" y anuncia su caída. Aquel mensaje celestial que será el último llamado de advertencia dirigido *"a los moradores de la tierra, a toda nación, tribu, lengua y pueblo"*. Este es el mensaje que recibe su refuerzo mediante el ángel de Apocalipsis 18:1 al 4, que descenderá *"del cielo con gran poder"* y alumbrará *"la tierra... con su gloria"*, figurativamente hablando.

**"Y plantará las tiendas de su palacio entre los mares y el monte glorioso y santo; mas llegará a su fin, y no tendrá quien le ayude." Daniel 11:45**

Cuando habla de las tiendas del palacio se refiere a la costumbre de los reyes de la antigüedad que acostumbraban llevar sus tiendas especiales para estar cerca de su ejército. La palabra *"mares"* es una forma poética que se usa en otros lados de la Biblia para decir mar. Por ejemplo, Jonás 2:3 en donde mares se usa poéticamente para referirse al Mar Mediterráneo.

Entre el mar mediterráneo y el monte glorioso o Jerusalén se encontraba Meguido o Armagedón. Armagedón significa Monte de Meguido pero en realidad Meguido es un valle y no un monte y esto es significativo ya que Jerusalén es un monte, sin embargo, Armagedón significa monte de matanza pues allí morirán todos los impíos simbólicamente hablando (los que sean parte de la Babilonia mística) y Sion que también es Jerusalén (símbolo de la iglesia de Dios) quiere decir monte de salvación ya que los que ahí se encuentren alcanzarán la salvación en la última crisis final.

El fin del papado llegará en Armagedón. Dios secará las aguas de Babilonia en Armagedón (aguas= gente en profecía). En ese valle, en la Antigüedad, se libraban las batallas entre los reyes del norte y los reyes del sur. Este valle también era conocido como Valle de Josafat que significa Dios Juzga (Joel 3:2,12, Ezequiel 39:11). Gog y Magog como figuras literarias representan cualquier enemigo de Dios por y por ende a Babilonia. El énfasis de estos lugares está en el nombre y no en el lugar propiamente.

Finalmente, la humanidad entera se dará cuenta que ha sido engañada, pero ya será demasiado tarde. Las plagas se derramarán sobre el mundo, pues gran parte de sus habitantes no fueron inscritos en el libro de la vida del Cordero, o sea Jesús.

# *Daniel 12*

# El tiempo del Fin

*E*n aquel tiempo se levantará Miguel, el gran príncipe que está de parte de tu pueblo; y será tiempo de angustia, cual nunca fue desde que hubo gente hasta entonces, pero en aquel tiempo será libertado tu pueblo, todos los que se hallen escritos en el libro. 2 Y muchos de los que duermen en el polvo de la tierra serán despertados, unos para vida eterna, y otros para vergüenza y confusión perpetua. 3 Los entendidos resplandecerán como el resplandor del firmamento, como las estrellas a perpetua eternidad". Daniel 12:1-3*

En el último versículo del capítulo 11 habíamos visto que ya había quedado preparada la batalla final del rey del norte, el papado, contra los hijos de Dios. La batalla iba a ser librada en Armagedón que es un valle que geográficamente hablando está entre el mar mediterráneo y Jerusalén y que era donde antiguamente se libraban las batallas entre el rey del norte y el rey del sur. Tengamos siempre presente que el énfasis no son los lugares sino los nombres de los lugares ya que los lugares son simbólicos, como podemos comprobar en Apocalipsis 16:16.

*"Y los reunió en el lugar que en hebreo se llama Armagedón." Apocalipsis 16:16*

Pudimos observar también en el capítulo anterior que Armagedón significa monte de la matanza, aunque en términos topográficos no sea un monte, lo cual nos confirma una vez más que el lugar no es relevante sino el significado simbólico del nombre. Recordemos que el término monte en profecía tiene que ver con reinos y en este punto de la historia el mundo estará totalmente polarizado entre el reino del mundo, dirigido por la Babilonia mística, y el reino de los hijos de Dios simbolizado por Sion, el monte glorioso, que es el monte de la salvación.

A simple vista el escenario parece desequilibrado ya que los que estén en Sion, aquellos que permanecen fieles al Señor, serán solo una minoría que parecerá presa fácil de las garras del rey del norte, sin embargo, en ese momento se levantará Miguel y salvará a la última generación de creyentes.

La palabra *"levantar"* aparece varias veces en el libro de Daniel para referirse al momento en que un rey comienza a reinar, como podemos notar en los siguientes versículos.

*Y en cuanto al cuerno que fue quebrado, y sucedieron cuatro en su lugar, significa que cuatro reinos se levantarán de esa nación, aunque no con la fuerza de él. Y al fin del reinado de estos, cuando los transgresores lleguen al colmo, se levantará un rey altivo de rostro y entendido en enigmas. Daniel 8:22,23*

*Y se levantará en su lugar uno que hará pasar un cobrador de tributos por la gloria del reino; pero en pocos días será quebrantado, aunque no en ira, ni en batalla. Daniel 11:20*

Hay una historia en el Antiguo Testamento que tiene su paralelismo con este evento relacionado con Miguel y es lo que le sucedió al reino de Judá en la época del rey Ezequías. En aquella oportunidad quien se alzaba como rey del norte era el rey asirio Senaquerib quien ya previamente había barrido con todos los reinos que se había encontrado en su camino y por último decide tomar la ciudad de Jerusalén, símbolo de la iglesia del fin.

Senaquerib, rey de Asiria, por medio de su comandante incluso se atrevió a blasfemar y desafiar a Dios tal cual lo haría el último rey del norte terrenal, el papado. Sobre esto dice Isaías 36:20.

*"¿Qué dios hay entre los dioses de estas tierras que haya librado su tierra de mi mano, para que Jehová libre de mi mano a Jerusalén?*
*Isaías 36:29*

Es interesante que los Asirios ofrecían ventajas bastante atractivas para que Jerusalén se salvara de la destrucción, sin embargo, a pesar del hambre y las dificultades el pueblo no quiso salir de Jerusalén pues eso equivalía a abandonar su fe a cambio del bienestar personal, algo que sucederá pronto en este mundo.

*"Entonces dijeron Eliaquim, Sebna y Joa al Rabsaces: Te rogamos que hables a tus siervos en arameo, porque nosotros lo entendemos; y no hables con nosotros en lengua de Judá, porque lo oye el pueblo que está sobre el muro. Y dijo el Rabsaces: ¿Acaso me envió mi señor a que dijese estas palabras a ti y a tu señor, y no a los hombres que están sobre el muro, expuestos a comer su estiércol y beber su orina con vosotros? Entonces el Rabsaces se puso en pie y gritó a gran voz en lengua de Judá, diciendo: Oíd las palabras del gran rey, el rey de Asiria. El rey dice así: No os engañe Ezequías, porque no os podrá librar. Ni os haga Ezequías confiar en Jehová, diciendo: Ciertamente Jehová nos librará; no será entregada esta ciudad en manos del rey de Asiria. No escuchéis a Ezequías, porque así dice el rey de Asiria: Haced conmigo paz, y salid a mí; y coma cada uno de su viña, y cada uno de su higuera, y beba cada cual las aguas de su pozo, hasta que yo venga y os lleve a una tierra como la vuestra, tierra de grano y de vino, tierra de pan y de viñas." Isaías 36:11-17*

La frase *"día de angustia"* que se usa en Isaías 37:3 para describir el momento que pasaba el pueblo que estaba en Jerusalén bajo el asedio de los Asirios nos conecta inmediatamente con la frase *"tiempo de angustia"* que se utiliza en Daniel 12:1 para ilustrarnos el momento de ansiedad que pasará el pueblo de Dios de la postrera generación.

*"En aquel tiempo se levantará Miguel, el gran príncipe que está de parte de tu pueblo; y será tiempo de angustia, cual nunca fue desde que hubo gente hasta entonces, pero en aquel tiempo será libertado tu pueblo, todos los que se hallen escritos en el libro."* Daniel 12:1

*"Los cuales le dijeron: Así ha dicho Ezequías: Día de angustia, de represión y de blasfemia es este día; porque los hijos han llegado hasta el punto de nacer, y la que da a luz no tiene fuerzas."* Isaías 37:3

En esa situación crítica el rey Ezequías recurre a la oración y al Espíritu de Profecía representado en este caso por el profeta Isaías para conocer la voluntad del Señor. El profeta Isaías le dice al rey Ezequías que los ejércitos de Asiria oirán un rumor que hará que todos ellos se devuelvan y como se ve al final de esa historia el rey del norte encontrará su misma muerte.

Este *"rumor"* que oyen los Asirios tiene su contraparte en Daniel 11:44 con las noticias que vienen del norte y del oriente y que atemorizarán al último rey del norte y que como vimos en Daniel 11 se refiere a la predicación del mensaje de los tres ángeles.

Es de destacar que la condición espiritual del pueblo de Dios en la época del asedio asirio fue de pureza y por eso se representa a Judá como una virgen. Quien luche contra el pueblo de Dios a Dios mismo se le opone.

*"Estas son las palabras que Jehová habló contra él: La virgen hija de Sion te menosprecia, te escarnece; detrás de ti mueve su cabeza la hija de Jerusalén. ¿A quién vituperaste, y a quién blasfemaste? ¿Contra quién has alzado tu voz, y levantado tus ojos en alto? Contra el Santo de Israel."* Isaías 37:22,23

El remanente que permanecerá fiel al Señor al final del tiempo es representado por los 144.000 en el libro de Apocalipsis y de ellos se dice que son *"vírgenes"* en el sentido de que no se contaminaron con las doctrinas de las iglesias falsas que se representan como mujeres también, de acuerdo a lo visto en los temas anteriores. Otra cosa super interesante es que los 144.000 son los que se encuentran en Sion o el monte glorioso, tal cual lo presenta Daniel 11:45.

*"Y miré, y he aquí un Cordero estaba en pie sobre el monte de Sion, y con Él ciento cuarenta y cuatro mil, que tenían el nombre de su Padre escrito en sus frentes. Éstos son los que no fueron contaminados con mujeres; porque son vírgenes. Éstos son los que siguen al Cordero por dondequiera que Él va. Éstos fueron redimidos de entre los hombres por primicias para Dios y para el Cordero."* Apocalipsis 14:1,4,5

Al final, los asirios no pudieron entrar en Jerusalén, así como también el rey del norte final no podrá contra la Jerusalén espiritual que es la iglesia del Señor, porque el Ángel de Jehová luchó por su pueblo. Acordémonos que cuando estudiamos Daniel 10 vimos que el Ángel de Jehová es el mismo Miguel que en Daniel 12:1 se levanta y libera al pueblo de Dios al final de los tiempos y que este ser celestial no es otro que Cristo. Hay que volver a recalcar, sin embargo, que este Ángel no es un ser angelical sino el mensajero del Señor que lidera las huestes angélicas y que en muchas ocasiones se le rinde adoración y no la rechaza. El término ángel básicamente significa mensajero.

*"Y salió el ángel de Jehová y mató a ciento ochenta y cinco mil en el campamento de los asirios; y cuando se levantaron por la mañana, he aquí que todo era cuerpos de muertos." Isaías 37:36*

Otro hecho interesante es que el Ángel de Jehová se levantó en la época de Ezequías para liberar al pueblo de Dios en la noche al igual que Miguel se levantará para liberar a los hijos de Dios en el momento de más tinieblas espirituales en la historia humana.

En el tiempo de angustia final el pueblo de Dios, al igual que Jacob, no soltará al Ángel de Jehová en oración y ruego y tal cual el Ángel le cambió el nombre a Jacob los hijos de Dios también recibirán un nuevo nombre cuando salgan victoriosos.

*"!Ah, cuán grande es aquel día! tanto, que no hay otro semejante a él; tiempo de angustia para Jacob, pero de ella será librado." Jeremías 30:7*

*"El que tiene oído oiga lo que el Espíritu dice a las iglesias: Al que venciere, daré a comer del maná escondido, y le daré una piedrecita blanca, y en la piedrecita escrito un nombre nuevo, el cual ninguno conoce sino aquel que lo recibe" Apocalipsis 2:17*

**₄ "Pero tú Daniel, cierra las palabras y sella el libro hasta el tiempo del fin. Muchos correrán de aquí para allá, y la ciencia se aumentará. ₅ Y yo Daniel miré, y he aquí otros dos que estaban en pie, el uno a este lado del río y el otro al otro lado del río. ₆ Y dijo uno al varón vestido de lino, que estaba sobre las aguas del río: ¿Hasta cuándo será el fin de estas maravillas? ₇ Y oí al varón de lino, que estaba sobre las aguas del río, el cual alzó su diestra y su siniestra al cielo, y juró por el que vive por los siglos, que será por tiempo, tiempos, y la mitad de un tiempo. Y cuando se acabe la dispersión (huida) del**

*poder del pueblo santo, todas estas cosas serán cumplidas" Daniel 12:4-7*

Se presenta en esta sección de textos una imagen parecida a la que ocurre en Daniel 8:13. Aparecen tres seres y uno de ellos, quien está vestido de lino o ropas sacerdotales (Levítico 16:4) es Jesucristo que es a su vez el mismo ser celestial que ya se había mencionado en el capítulo 10 al inicio de la visión.

Uno de los seres pregunta *¿cuándo será el fin de estas maravillas?* o en otras palabras ¿cuándo se cumplirían todas esas cosas? Veamos una traducción más comprensible.

*"Uno de ellos le dijo al hombre vestido de lino, que estaba sobre las aguas del río. ¿Cuánto falta para que se cumplan estas cosas tan increíbles?* Daniel 12:6 Nueva Versión Internacional

El sumo sacerdote, Cristo Jesús, responde que para que se empiecen a cumplir todas esas cosas maravillosas hay que llegar hasta tiempo, tiempos y la mitad de un tiempo. Entonces el tiempo del fin mencionado en Daniel 12:4 es a partir de 1798 porque como vimos durante la lectura de este libro los 1260 años que representan ese periodo terminan en esa fecha. Es en ese momento que la ciencia, o mejor traducido el *"conocimiento"*, que es el conocimiento de las profecías de Daniel, se abrirían precisamente a partir de ese año en adelante, como lo indica mejor la siguiente versión bíblica.

*"Pero tú, Daniel, guarda en secreto estas palabras y sella el libro hasta el tiempo del fin. Muchos correrán de aquí para allá, y el conocimiento aumentará."* Daniel 12:4 Biblias de las Américas

El único libro que aparece cerrado o sellado en la Palabra de Dios es el libro de Daniel y este entonces corresponde al librito que se abre en Apocalipsis 10. El Ángel que desciende del cielo con el librito abierto en Apocalipsis 10 es Jesucristo, como podemos comprobar al comparar la descripción que de él se da ahí con la del ser vestido de lino de Daniel 10. Debemos notar que Apocalipsis 10 hace énfasis en que el librito está abierto, lo cual sugiere que antes estaba cerrado. Básicamente la porción del libro de Daniel que estaba sellada hasta que empieza el tiempo del fin es una pequeña porción de Daniel 7 y los capítulos de 8 al 12 que antes de 1798 eran todo un misterio sin resolver. La traducción más fiel al original en español para Apocalipsis 10:2 es la siguiente.

*"En la mano tenía un rollo pequeño que había sido abierto. Se paró con el pie derecho sobre el mar y el pie izquierdo sobre la tierra." Daniel 10:2 Biblia Nueva Traducción Viviente*

*8 "Y yo oí mas no entendí. Y dije: Señor mío, ¿cuál será el fin de estas cosas? 9 El respondió: Anda, Daniel, pues estas palabras están cerradas y selladas hasta el tiempo del fin. 10 Muchos serán limpios, y emblanquecidos y purificados; los impíos procederán impíamente, y ninguno de los impíos entenderá, peros los entendidos entenderán." Daniel 12:8-10*

Prácticamente la explicación de la profecía termina en Daniel 12:7 pero como vemos en Daniel 12:8 Daniel no comprendió las cosas por lo cual se amplía la profecía en los versículos 11 y 12.

*11 "Y desde el tiempo que sea quitado el continuo sacrificio hasta la abominación desoladora, habrá mil doscientos noventa días. 12 Bienaventurado el que espere, y llegue a los mil trescientos treinta y cinco días. 13 Y tú irás hasta el fin, y reposarás, y te levantarás para recibir tu heredad al fin de los días." Daniel 12:11-13*

A la Roma papal se le quitó el derecho de juzgar como a ella le placía en 1798 y cuando son juzgados los hijos de Dios en 1844 ella misma estará siendo juzgada, como vimos en el estudio de Daniel 8. Aquí se encuentra la conexión entre los 1260 años y los 2300 años. Esta conexión, como veremos, conecta a los 1260 años con los 1290 años y los 1335 años con los 2300 años.

Toda abominación trae desolación y en el año 508, cuando empiezan los 1290 días, el papado instituye el sistema de misas que trata de sustituir la obra mediadora de Cristo representada en el "tamid" o el "continuo". La versión de las Escrituras de la Peshita traduce Daniel 11:13 de la siguiente manera.

*"Y desde el tiempo en que él <u>suprima la ofrenda</u>, será <u>permitida la abominación destructora</u> por 1290 días" Daniel 11:13 Peshita*

La abominación de la Roma papal, que empezó en el año 508, trajo posteriormente la desolación o destrucción del pueblo de Dios durante 1260 años que empezaron en el año 538, cuando inician los 1260 años. Recordemos que en 538 Justiniano elimina las tribus arias que se oponían al papado y el papado queda libre para gobernar a su antojo hasta que recibe su herida de muerte en el año 1798 a manos del general Berthier de Napoleón y estos dos periodos son los que marcan el inicio y el final de los 1260.

Ya que los 1335 días no tienen fecha de inicio se da por un hecho que los 1335 días empiezan en el mismo año de los 1290 días, o sea en el año 508, y, por lo tanto, terminarían en el año 1843 lo cual evidentemente se conecta con el periodo de los 2300 años porque es en 1844 cuando termina la profecía de las 2300 tardes y mañanas de Daniel 8 que indicaba el inicio del juicio investigador.

De esta forma el año 1843 está conectado con la predicación previa del mensaje de los tres ángeles ya que en ese año fue cuando se intensificó la difusión del mensaje que se detalla Apocalipsis 14:6-11. Tengamos presente que este mensaje está fuertemente relacionado con el juicio investigador que empezaría solo un año más tarde, o sea en 1844.

*"Vi volar por en medio del cielo a otro ángel, que tenía el evangelio eterno para predicarlo a los moradores de la tierra, a toda nación, tribu, lengua y pueblo, diciendo a gran voz: Temed a Dios, y dadle gloria, **porque la hora de su juicio ha llegado**; y adorad a aquel que hizo el cielo y la tierra, el mar, y las fuentes de las aguas..." Daniel 14:6,7*

Ahora bien, la bienaventuranza que se da en Daniel 12:12 a los que lleguen a los 1335 días está conectada con la bienaventuranza que se da a todos aquellos que mueren creyendo en el mensaje de los tres ángeles, como veremos en los siguientes textos.

*"Bienaventurado el que espere, y llegue a los mil trescientos treinta y cinco días." Daniel 12:12*

*"Oí una voz que desde el cielo me decía: Bienaventurado de aquí en adelante los muertos que mueren en el Señor. Sí, dice el Espíritu, descansarán de sus trabajos, porque sus obras con ellos siguen." Apocalipsis 14:13*

La bienaventuranza de Apocalipsis 14:13 se da precisamente después de que se detalla el mensaje de los tres ángeles (Apocalipsis 14:6-11) y previo a la segunda venida de Cristo que se describe a partir de Apocalipsis 14:14. El privilegio que tendrán los que mueren en la fe del mensaje de los tres ángeles, es que verán la venida de Cristo desde principio hasta el fin en una resurrección especial que se detalla en Daniel 12:2.

*"Y muchos de los que duermen en el polvo de la tierra serán despertados, unos para vida eterna, y otros para vergüenza y confusión perpetua."* Daniel 12:2

Como podemos notar esta resurrección especial solo incluye a algunos de los que duermen en el polvo de la tierra, no a todos los que han muerto, y esto viene precedido de la reciente manifestación de Miguel en Daniel 12:1. El evento de la segunda venida de Cristo será un evento que se manifestará de a poco, tal cual describió el siervo de Elías la nube de agua que subía del mar (1 Reyes 18:42-44). Los justos que murieron en el mensaje de los tres ángeles verán el magnífico evento de la segunda venida de Cristo desde que Miguel se levante a gobernar y salga en favor de la última generación de creyentes en tanto que el resto de justos serán despertados cuando el Señor se acerque a este mundo y suene la trompeta mientras los ángeles del cielo junten a todos los escogidos.

*"Entonces aparecerá la señal del Hijo del Hombre en el cielo; y entonces lamentarán todas las tribus de la tierra, y verán al Hijo del Hombre viniendo sobre las nubes del cielo, con poder y gran gloria.* [31] *Y enviará sus ángeles con gran voz de trompeta, y juntarán a sus escogidos, de los cuatro vientos, desde un extremo del cielo hasta el otro."* Mateo 24:30,31

Otra cosa que llama la atención es que entre ese grupo especial que resucitará cuando Miguel se levante estarán también ciertos impíos que se describen en Apocalipsis 1:7.

*"He aquí que viene con las nubes, y todo ojo le verá, y los que le traspasaron, y todos los linajes de la tierra harán lamentación por él. Sí, amén."* Apocalipsis 1:7

Los que traspasaron o mataron a Cristo resucitarán cuando Él venga para que se cumpla lo que el mismo Señor dijo en Mateo 26:61.

*"Mas Jesús callaba. Entonces el sumo sacerdote le dijo: Te conjuro por el Dios viviente, que nos digas si eres tú el Cristo, el Hijo de Dios. Jesús le dijo: Tú lo has dicho; y además os digo, que desde ahora veréis al Hijo del Hombre sentado a la diestra del poder de Dios, y viniendo en las nubes del cielo."* Mateo 26:63,64

# Conclusión

Realmente ha sido todo un recorrido a lo largo de la historia de los últimos 2600 años y la verdad no hay palabras para describir la precisión de las profecías bíblicas.

Ante nuestros ojos vemos como todos los días se van encajando aquellas pocas cosas que faltan para terminar este gran rompecabezas. En un momento dado todos los habitantes de este mundo, de una manera u otra, sufrirán, pero aquellos que se han puesto del lado del Señor Jesús tienen la bendita esperanza de su segunda venida en poder y gloria y todas las cosas y todo el llanto, la muerte y el sufrimiento serán cosas del pasado.

Como siervos del Dios tenemos la gran comisión de compartir estas verdades que traen esperanza a este mundo caído ya que eso es parte fundamental del amor a Dios y al prójimo.

No temamos de lo que viene, sino todo lo contrario, alegrémonos porque nuestra redención está cerca.

*"Vi un cielo nuevo y una tierra nueva; porque el primer cielo y la primera tierra pasaron, y el mar ya no existía más.[2] Y yo Juan vi la santa ciudad, la nueva Jerusalén, descender del cielo, de Dios, dispuesta como una esposa ataviada para su marido.[3] Y oí una gran voz del cielo que decía: He aquí el tabernáculo de Dios con los hombres, y él morará con ellos; y ellos serán su pueblo, y Dios mismo estará con ellos como su Dios.[4] Enjugará Dios toda lágrima de los ojos de ellos; y ya no habrá muerte, ni habrá más llanto, ni clamor, ni dolor; porque las primeras cosas pasaron.[5] Y el que estaba sentado en el trono dijo: He aquí, yo hago nuevas todas las cosas. Y me dijo: Escribe; porque estas palabras son fieles y verdaderas.[6] Y me dijo: Hecho está. Yo soy el Alfa y la*

*Omega, el principio y el fin. Al que tuviere sed, yo le daré gratuitamente de la fuente del agua de la vida."* Apocalipsis 21:1-6

# Análisis textuales varios

## Grupo 1

| Levítico 17,7 ||
|---|---|
| Así nunca más ofrecerán sus sacrificios **a los demonios**, tras los cuales se han prostituido. Esto será para ellos un estatuto perpetuo a través de sus generaciones. | וְלֹא־יִזְבְּח֨וּ עוֹד֙ אֶת־זִבְחֵיהֶ֔ם **לַשְּׂעִירִ֕ם** אֲשֶׁ֛ר הֵ֥ם זֹנִ֖ים אַחֲרֵיהֶ֑ם חֻקַּ֥ת עוֹלָ֛ם תִּהְיֶה־זֹּ֥את לָהֶ֖ם לְדֹרֹתָֽם׃ |

לַשְּׂעִירִ֕ם: preposicion ל + artículo ה + sus. mp. absoluto de Sair-שָׂעִיר: **macho cabrío, demonio con forma animal o sàtiro**. Se pronuncia de manera simple: *Laseirím*. Y en transliteración lingüística así: laSSü`îrìm.

| Levítico 16,21 ||
|---|---|
| Aarón pondrá sus dos manos sobre la cabeza **del macho cabrío** vivo y confesará sobre él todas las iniquidades, las rebeliones y los pecados de los hijos de Israel, poniéndolos así sobre la cabeza del macho cabrío. Luego lo enviará al desierto por medio de un hombre designado para ello. | וְסָמַ֨ךְ אַהֲרֹ֜ן אֶת־שְׁתֵּ֣י יָדָ֗יו עַ֣ל רֹ֣אשׁ **הַשָּׂעִיר֮** הַחַי֒ וְהִתְוַדָּ֣ה עָלָ֗יו אֶת־כָּל־עֲוֹנֹת֙ בְּנֵ֣י יִשְׂרָאֵ֔ל וְאֶת־כָּל־פִּשְׁעֵיהֶ֖ם לְכָל־חַטֹּאתָ֑ם וְנָתַ֤ן אֹתָם֙ עַל־רֹ֣אשׁ הַשָּׂעִ֔יר וְשִׁלַּ֛ח בְּיַד־אִ֥ישׁ עִתִּ֖י הַמִּדְבָּֽרָה׃ |

הַשָּׂעִיר֮: artículo ה + sus. mp. absoluto de Sair-שָׂעִיר: **macho cabrío**. Se pronuncia de manera simple: *hasair*. Y en transliteración lingüística así: haSSä`îr.

# Grupo 2

| Daniel 9,25 ||
|---|---|
| Conoce, pues, y entiende que desde la salida de la palabra para **restaurar** y edificar Jerusalén hasta el Mesías Príncipe, habrá siete semanas, y sesenta y dos semanas; y volverá a ser edificada con plaza y muro, pero en tiempos angustiosos. | וְתֵדַ֨ע וְתַשְׂכֵּ֜ל מִן־מֹצָ֣א דָבָ֗ר **לְהָשִׁיב֙** וְלִבְנ֤וֹת יְרֽוּשָׁלִַ֙ם֙ עַד־מָשִׁ֣יחַ נָגִ֔יד שָׁבֻעִ֖ים שִׁבְעָ֑ה וְשָׁבֻעִ֞ים שִׁשִּׁ֣ים וּשְׁנַ֗יִם תָּשׁוּב֙ וְנִבְנְתָה֙ רְח֣וֹב וְחָר֔וּץ וּבְצ֖וֹק הָעִתִּֽים׃ |

לְהָשִׁיב: Se pronuncia de manera simple: *lehashiv*. Y en transliteración lingüística así: **lühäšîv**. Preposición לְ + verbo hifil infinitivo constructo de *Shuv*-שׁוּב: **restablecer, reconstruir, restaurar, reintegrar, volver a traer, hacer volver, devolver, restituir**; figurativamente **convertir**.

| 1 Reyes. 20,34 ||
|---|---|
| Luego le dijo Ben-hadad: --Yo **restituiré** las ciudades que mi padre tomó a tu padre. Tú también podrás establecer centros comerciales en Damasco, como mi padre hizo en Samaria. --Entonces con este convenio yo te dejaré ir libre. Hizo, pues, un convenio con él y le dejó ir. | וַיֹּ֣אמֶר אֵלָ֡יו הֶעָרִ֣ים אֲשֶׁר־לָֽקַח־אָבִי֩ מֵאֵ֨ת אָבִ֜יךָ **אָשִׁ֗יב** וְחוּצ֞וֹת תָּשִׂ֤ים לְךָ֙ בְדַמֶּ֔שֶׂק כַּאֲשֶׁר־שָׂ֥ם אָבִ֖י בְּשֹׁמְר֑וֹן וַאֲנִ֗י בַּבְּרִית֙ אֲשַׁלְּחֶ֔ךָּ וַיִּכְרָת־ל֥וֹ בְרִ֖ית וַֽיְשַׁלְּחֵֽהוּ׃ |

אָשִׁיב: Se pronuncia de manera simple: *ashiv*. Y en transliteración lingüística así: **'äšîv**. Verbo hifil imperfecto 1 persona común singular de *Shuv*-שׁוּב: **restablecer, reconstruir, restaurar, reintegrar, volver a traer, hacer volver, devolver, restituir**; figurativamente **convertir**.

| 2 Samuel 9,7 ||
|---|---|
| David le dijo: --No tengas temor, porque ciertamente yo te mostraré bondad por amor a tu padre Jonatán. **Te devolveré** todas las tierras de tu padre Saúl, y tú comerás siempre a mi mesa. | וַיֹּאמֶר֩ ל֨וֹ דָוִ֜ד אַל־תִּירָ֗א כִּ֣י עָשֹׂ֨ה אֶעֱשֶׂ֤ה עִמְּךָ֙ חֶ֔סֶד בַּעֲבוּר֙ יְהוֹנָתָ֣ן אָבִ֔יךָ **וַהֲשִׁבֹתִ֣י** לְךָ֔ אֶֽת־כָּל־שְׂדֵ֖ה שָׁא֣וּל אָבִ֑יךָ וְאַתָּ֗ה תֹּ֥אכַל לֶ֛חֶם עַל־שֻׁלְחָנִ֖י תָּמִֽיד׃ |

וַהֲשִׁבֹתִי: Se pronuncia de manera simple: *vahashivoti*. Y en transliteración lingüística así: **wahášîvötî**. Verbo hifil perfecto con vav consecutiva 1 persona común singular de *Shuv*-שׁוּב: **restablecer, reconstruir, restaurar, reintegrar, volver a traer, hacer volver, devolver, restituir**; figurativamente **convertir**.

Made in the USA
Columbia, SC
26 September 2024